Este manual pertenece a:

_____

Llama
Estra

llamaestra.com

MANUAL DE PRE-JARDÍN

Este manual es un manual de apoyo escolar para estudiantes del pre-jardín. Los estándares están **basados en los estándares básicos para el nivel de pre-escolar.**
El manual no está diseñado para completarlo en orden de la primera página hasta la última, sino para saltear de página en página de acuerdo con las necesidades del estudiante y los temas enseñados en la clase de pre-jardín. El manual está **completamente en español** para apoyar un entorno de inmersión en el idioma, pero hay instrucciones en inglés y respuestas para ciertas actividades al final del libro. Es importante que el estudiante entienda la consigna antes de empezar cada ejercicio. Consultar las páginas al final del libro y nuestra página de internet e Instagram para ideas de cómo enseñar ciertos temas.

Hemos disfrutado mucho trabajar en este manual y esperamos con ansias que su estudiante empiece la trayectoria del pre-escolar en español. Esperamos que disfruten de este manual tanto como hemos disfrutado crearlo.

Recordatorio: Hay muchos países que hablan español y cada país tiene cierto vocabulario propio de su país. Este manual trata de presentar vocabulario de varios países, no solo de uno.

*This manual is a school support workbook for Pre-K students. The standards are **based on the core standards for pre-school**.*
*This manual is not designed to be completed in order, from the first page to the last, but to skip around pages according to the student's needs and the themes covered in pre-school class. **The entire manual is in Spanish** to support a dual language immersion environment, but if you need some help with instructions or an answer key, you can check out the "English cheat sheet" at the end of the book. It's important that the student understands the assignment before starting each exercise. Check the pages at the end of the book and our web and Instagram page for ideas on how to teach certain subjects.*

We loved working on this manual and we are excited for your student to start their pre-school journey in Spanish. We hope your student and you enjoy this book as much as we enjoyed creating it!

Reminder: There are a lot of countries that speak Spanish and each country has certain vocabulary particular to their country. This manual strives to present vocabulary from several countries, not just one.

TABLA DE CONTENIDOS

TABLE OF CONTENTS

Llama
Estra

Aprende
LENGUA

con Llama Estra

PRACTICA USAR TU LÁPIZ

1. Traza el camino a la escuela.

Traza el camino a casa.

LA LETRA A

1. Colorea la letra **A a.**

2. Encuentra y encierra la letra **A.**

A Z O A M
B P A C Ñ
C A D L A

3. Practica escribir la letra **A a.**

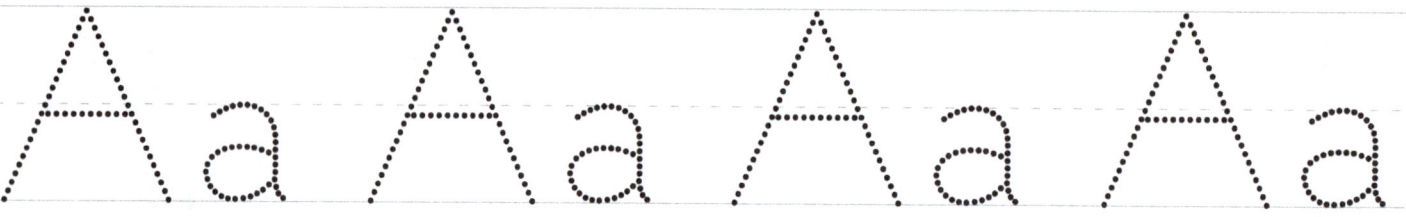

4. Encuentra y subraya la letra **A a** en la oración.

Las abejas vuelan alto.

5. Practica escribir la palabra.

abeja

6. Colorea los dibujos que empiecen con la letra **A a.**

auto - barco - avión - león - fresa

4

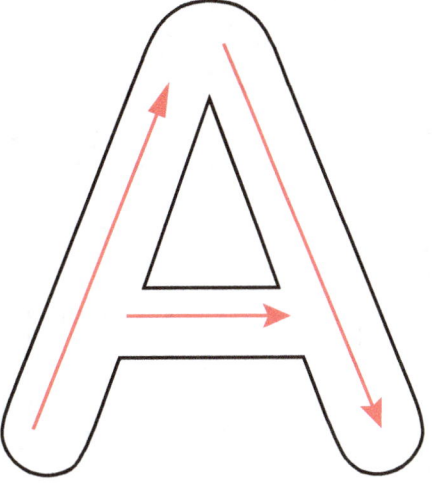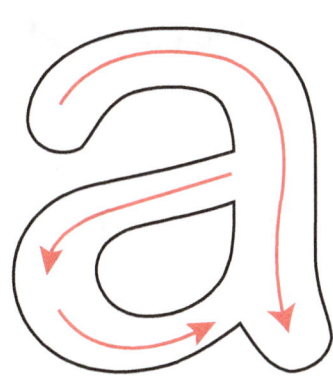

7. Practica escribir la letra **A a.**

A A

A A

A A

a a

a a

a a

LA LETRA B

1. Colorea la letra **B b**.

2. Encuentra y encierra la letra **B**.

A	Z	B	A	M
P	B	A	C	B
B	A	B	C	A

3. Practica escribir la letra **B b**.

4. Encuentra y subraya la letra **B b** en la oración.

El barco es marrón.

5. Practica escribir la palabra.

barco

6. Colorea los dibujos que empiecen con la letra **B b**.

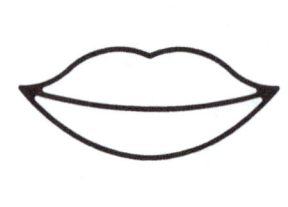    

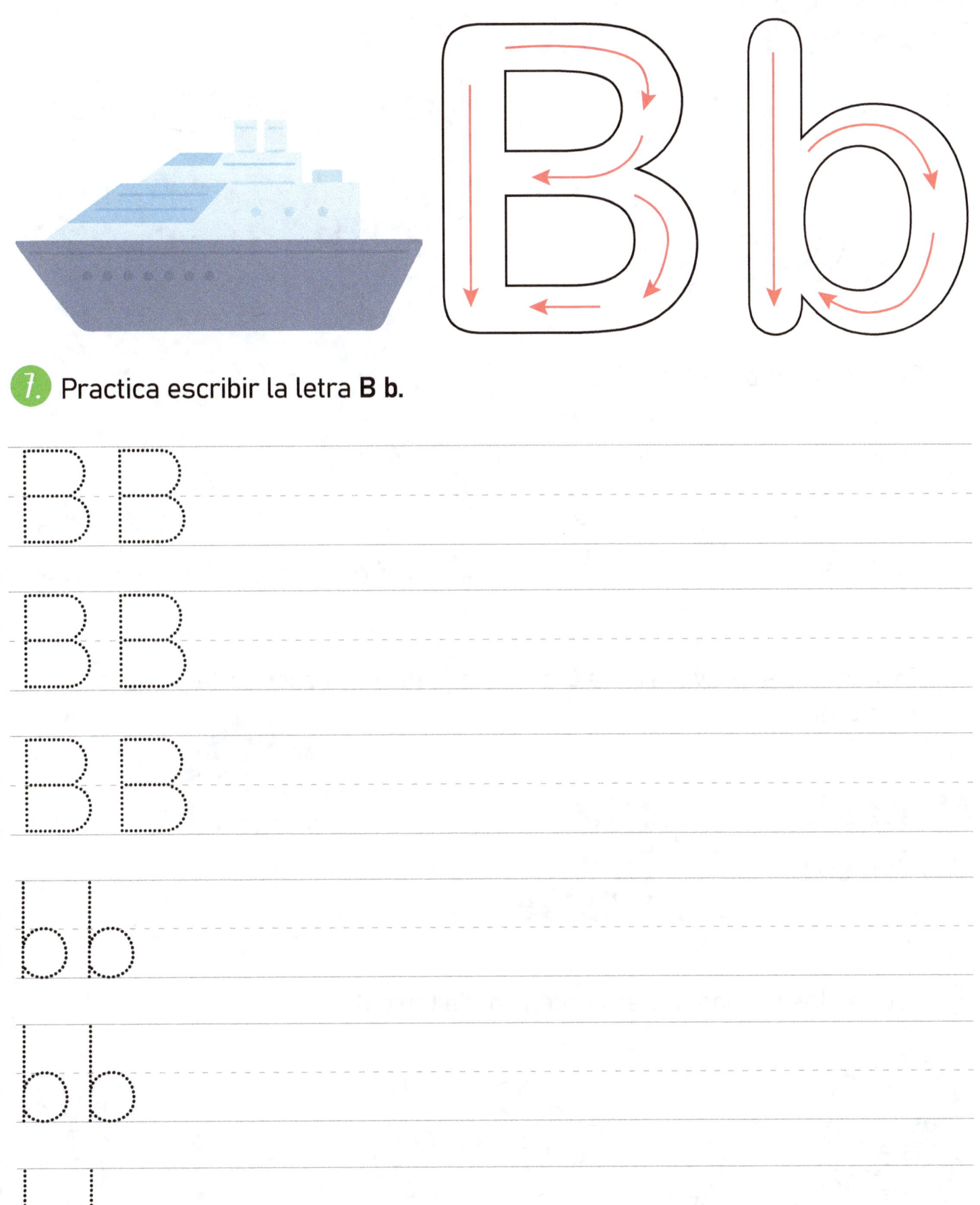

7. Practica escribir la letra **B b.**

B B

B B

B B

b b

b b

b b

LA LETRA C

1. Colorea la letra **C c**.

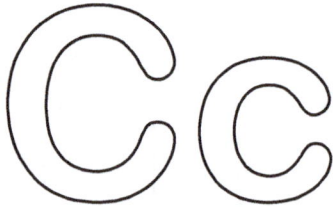

2. Encuentra y (encierra) la letra **C**.

A   C   D   A   C
B   P   C   C   Ñ
C   A   D   A   A

3. Practica escribir la letra **C c**.

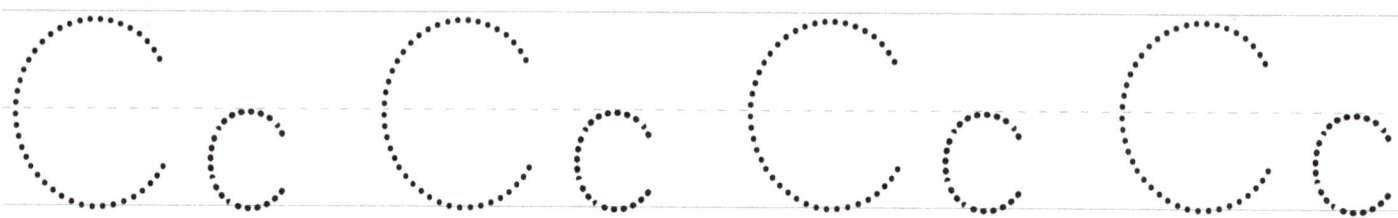

4. Encuentra y <u>subraya</u> la letra **C c** en la oración.

Mi casa es linda.

5. Practica escribir la palabra.

6. Colorea los dibujos que empiecen con la letra **C c**.

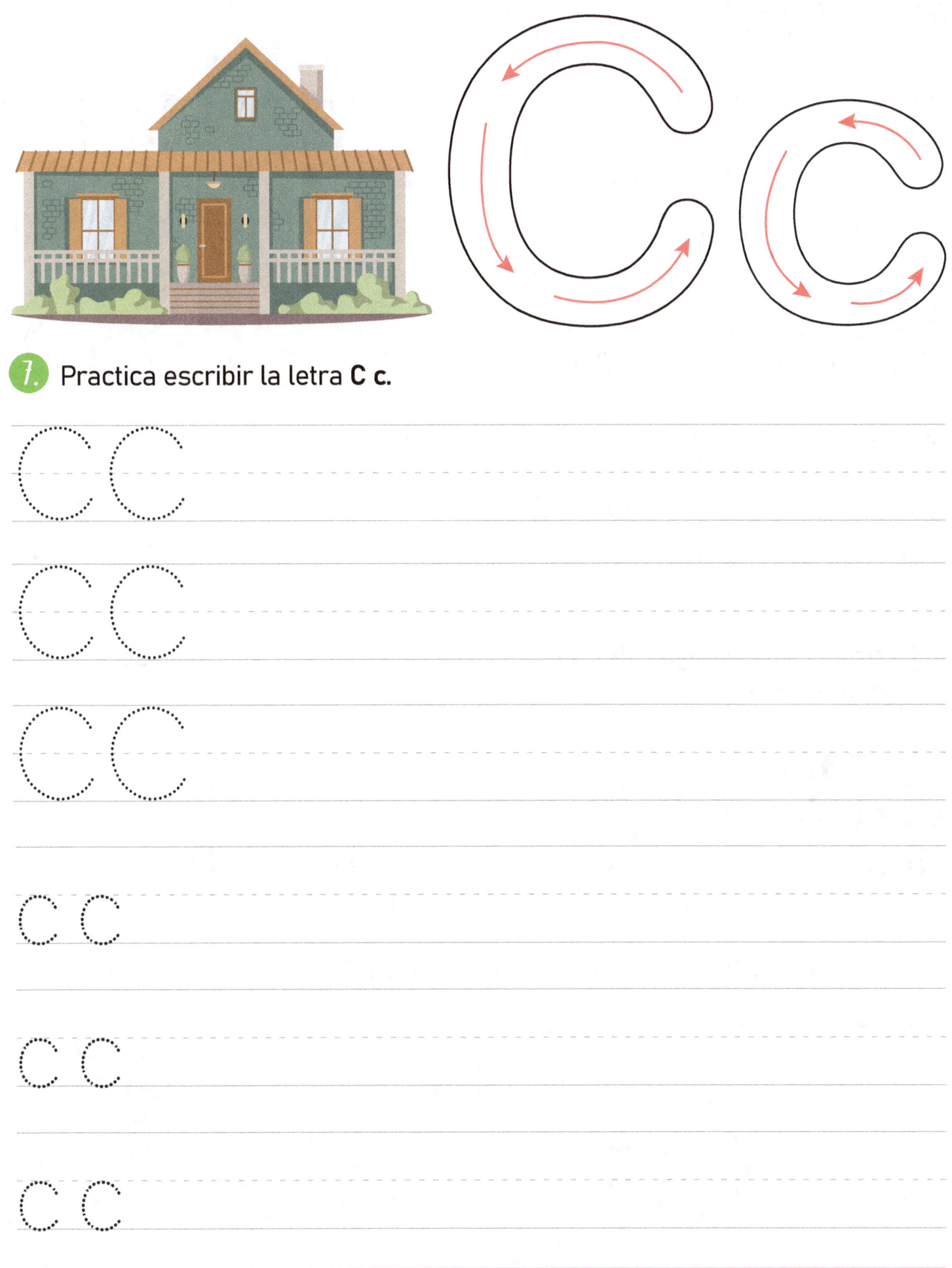

7. Practica escribir la letra **C c.**

LA LETRA D

1. Colorea la letra **D d**.

D d

2. Encuentra y (encierra) la letra **D**.

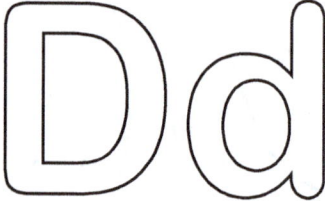

A Z D A D
D P A C Ñ
C A D C D

3. Practica escribir la letra **D d**.

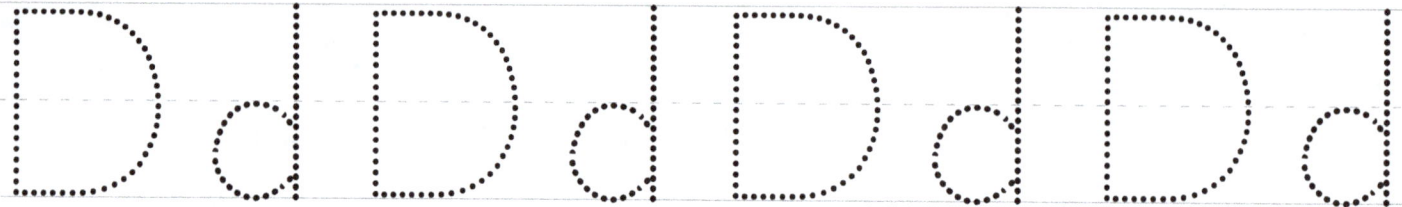

4. Encuentra y <u>subraya</u> la letra **D d** en la oración.

Mi mano tiene 5 dedos.

5. Practica escribir la palabra.

dedos

6. Colorea los dibujos que empiecen con la letra **D d**.

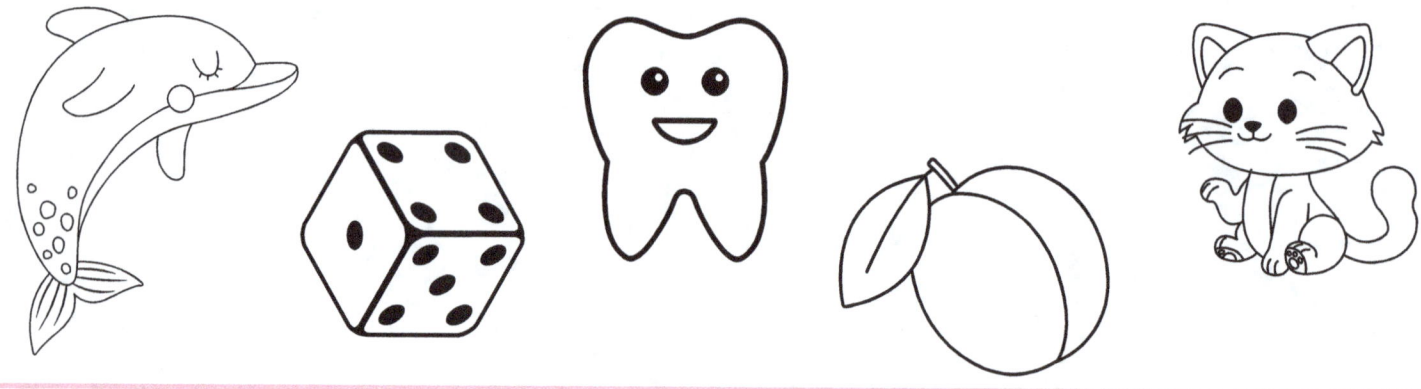

delfín - dado - diente - durazno - gato

 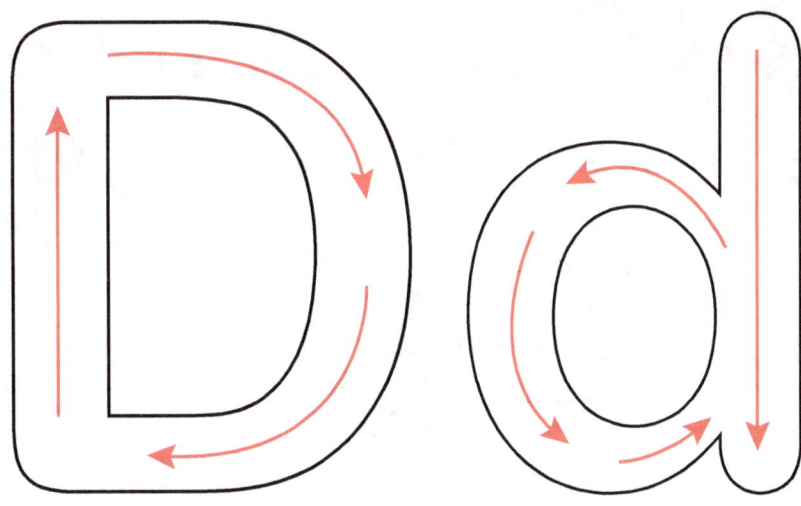

7. Practica escribir la letra **D d.**

D D

D D

D D

d d

d d

d d

LA LETRA E

1. Colorea la letra **E e.**

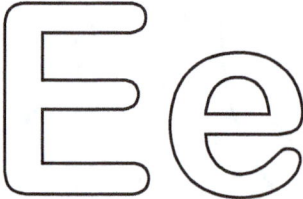
Ee

2. Encuentra y (encierra) la letra **E.**

A	E	D	E	M
E	P	A	C	E
C	E	C	E	A

3. Practica escribir la letra **E e.**

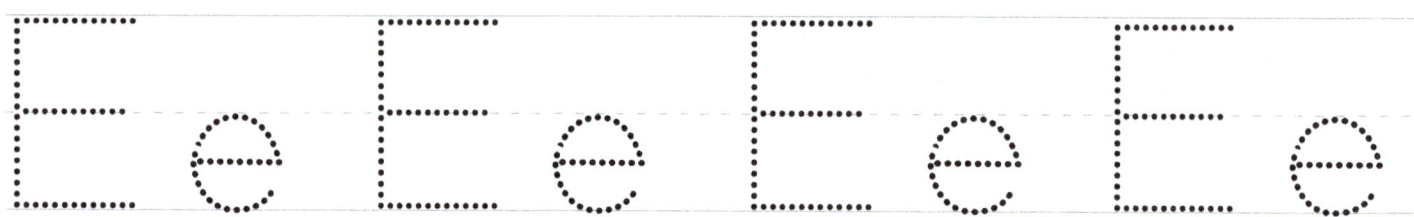
Ee Ee Ee Ee

4. Encuentra y <u>subraya</u> la letra **E e** en la oración.

El elefante vive en África.

5. Practica escribir la palabra.

elefante

6. Colorea los dibujos que empiecen con la letra **E e.**

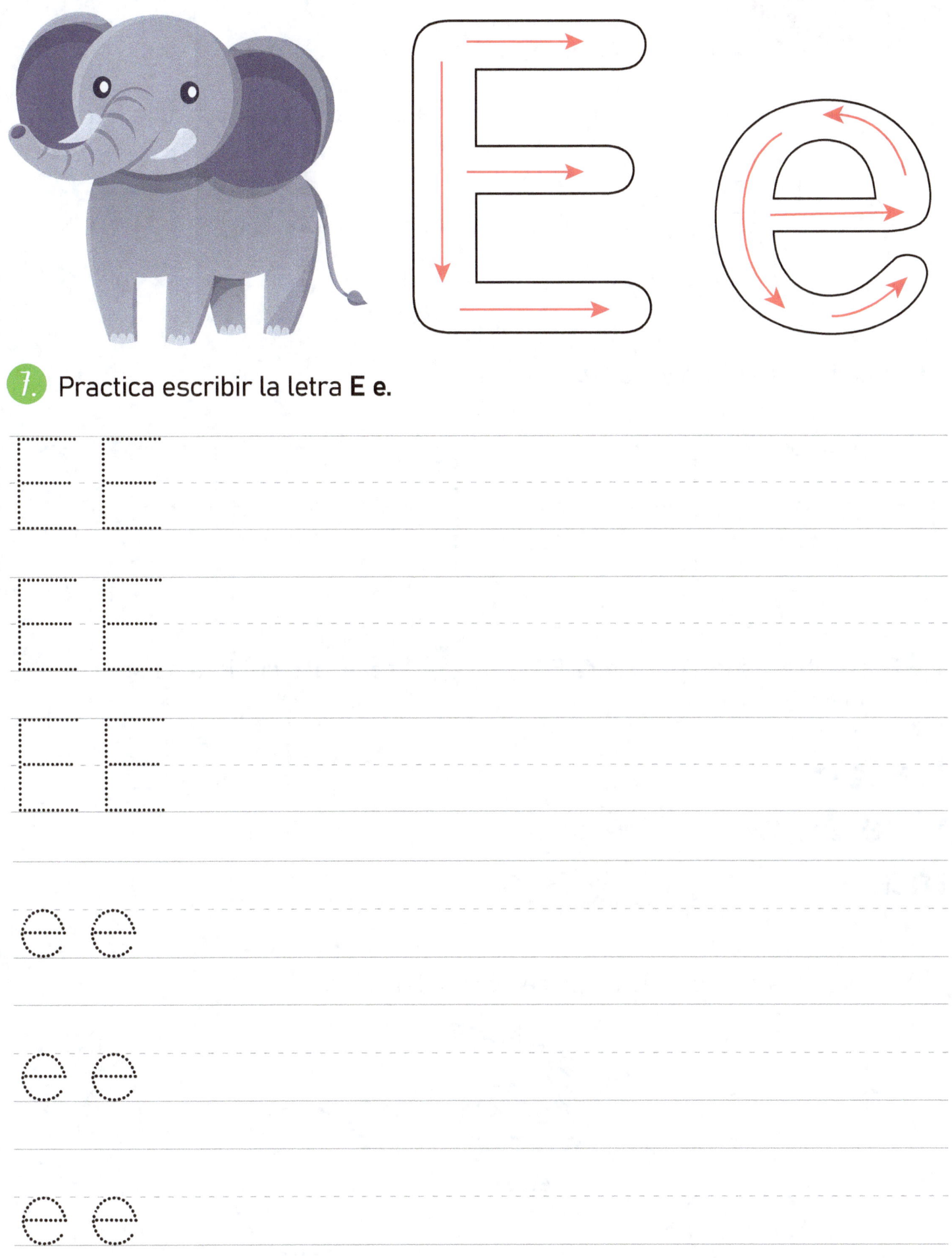

7. Practica escribir la letra **E e.**

LA LETRA F

1. Colorea la letra **F f.**

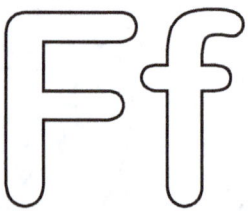

2. Encuentra y encierra la letra **F.**

F	Z	B	F	M
B	F	A	C	Ñ
C	F	D	B	F

3. Practica escribir la letra **F f.**

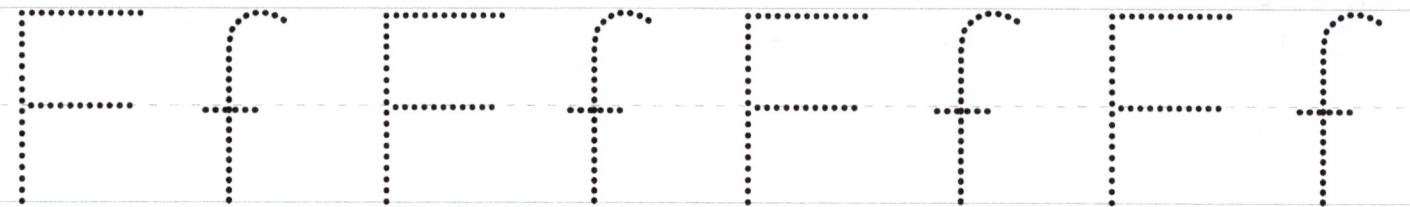

F f F f F f F f

4. Encuentra y subraya la letra **F f** en la oración.

La foca vive en el mar.

5. Practica escribir la palabra.

foca

6. Colorea los dibujos que empiecen con la letra **F f.**

cuchara - fantasma - fideos - pelota - fuego

7. Practica escribir la letra **F f**.

 **LENGUA**

LA LETRA G

1. Colorea la letra **G g.**

2. Encuentra y (encierra) la letra **G.**

A G D G L
G P G C Ñ
C G D C G

3. Practica escribir la letra **G g.**

4. Encuentra y <u>subraya</u> la letra **G g** en la oración.

El gato es gris.

5. Practica escribir la palabra.

gato

6. Colorea los dibujos que empiecen con la letra **G g.**

    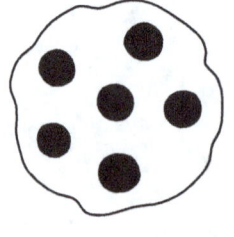

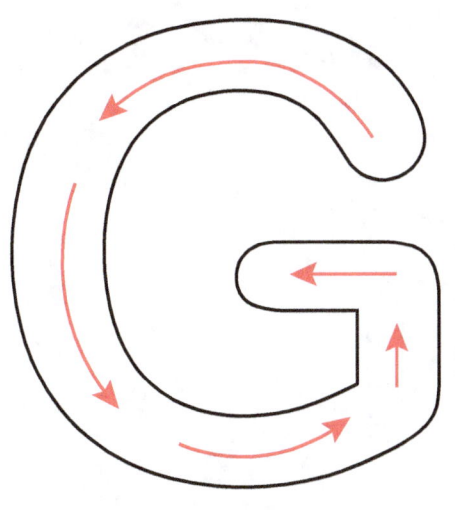

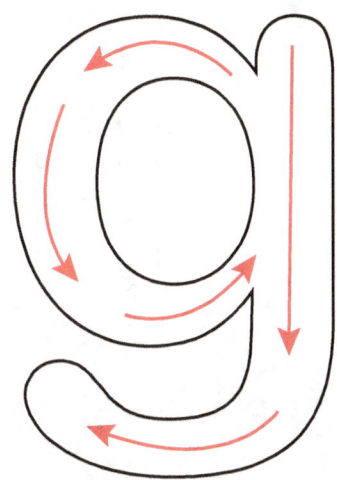

7. Practica escribir la letra **G g**.

GG

GG

GG

g g

g g

g g

LA LETRA H

1. Colorea la letra **H h.**

2. Encuentra y (encierra) la letra **H.**

A	H	D	H	M
B	C	A	C	Ñ
H	A	B	H	A

3. Practica escribir la letra **H h.**

Hh Hh Hh Hh

4. Encuentra y <u>subraya</u> la letra **H h** en la oración.

Quiero un helado.

5. Practica escribir la palabra.

helado

6. Colorea los dibujos que empiecen con la letra **H h.**

chancho - llama - hoja - hielo - huevo

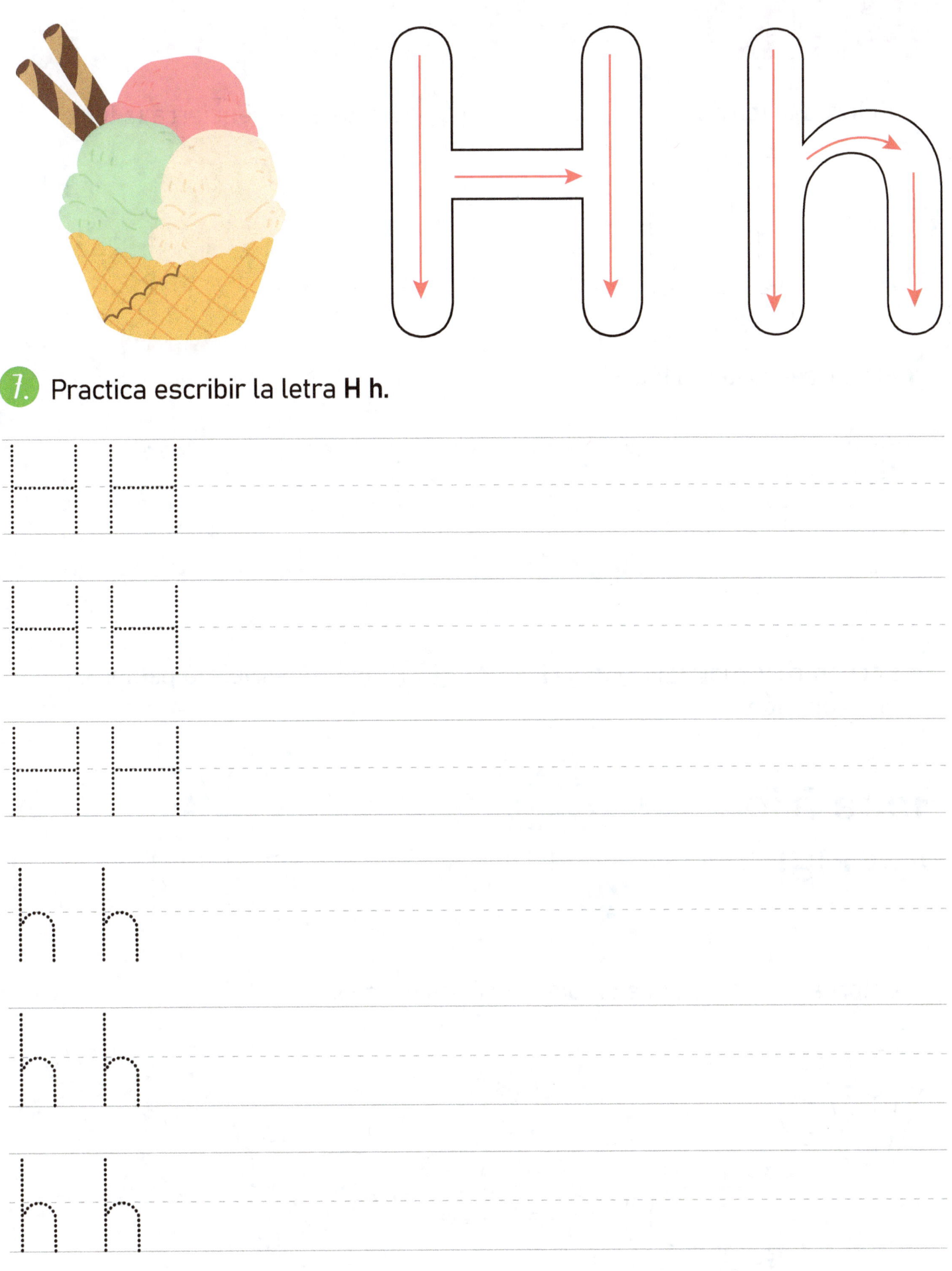

7. Practica escribir la letra **H h.**

LA LETRA I

1. Colorea la letra I i.

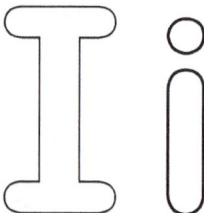

2. Encuentra y encierra la letra I.

A L D I M
I P I C Ñ
C A D C I

3. Practica escribir la letra I i.

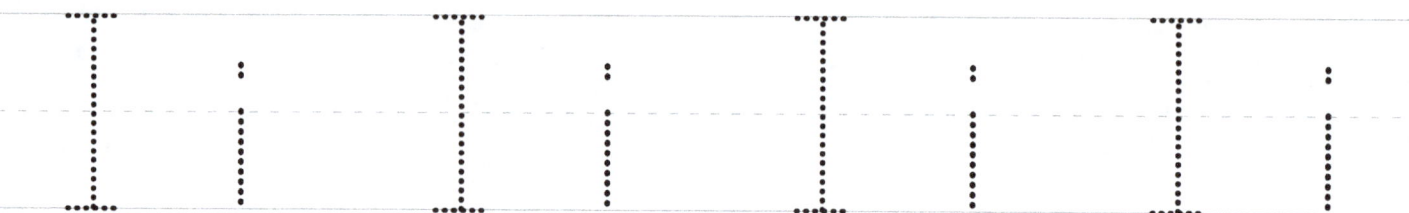

4. Encuentra y subraya la letra I i en la oración.

Hace frío en el iglú.

5. Practica escribir la palabra.

iglú

6. Colorea los dibujos que empiecen con la letra I i.

taza - imán - iglesia - caracol - isla

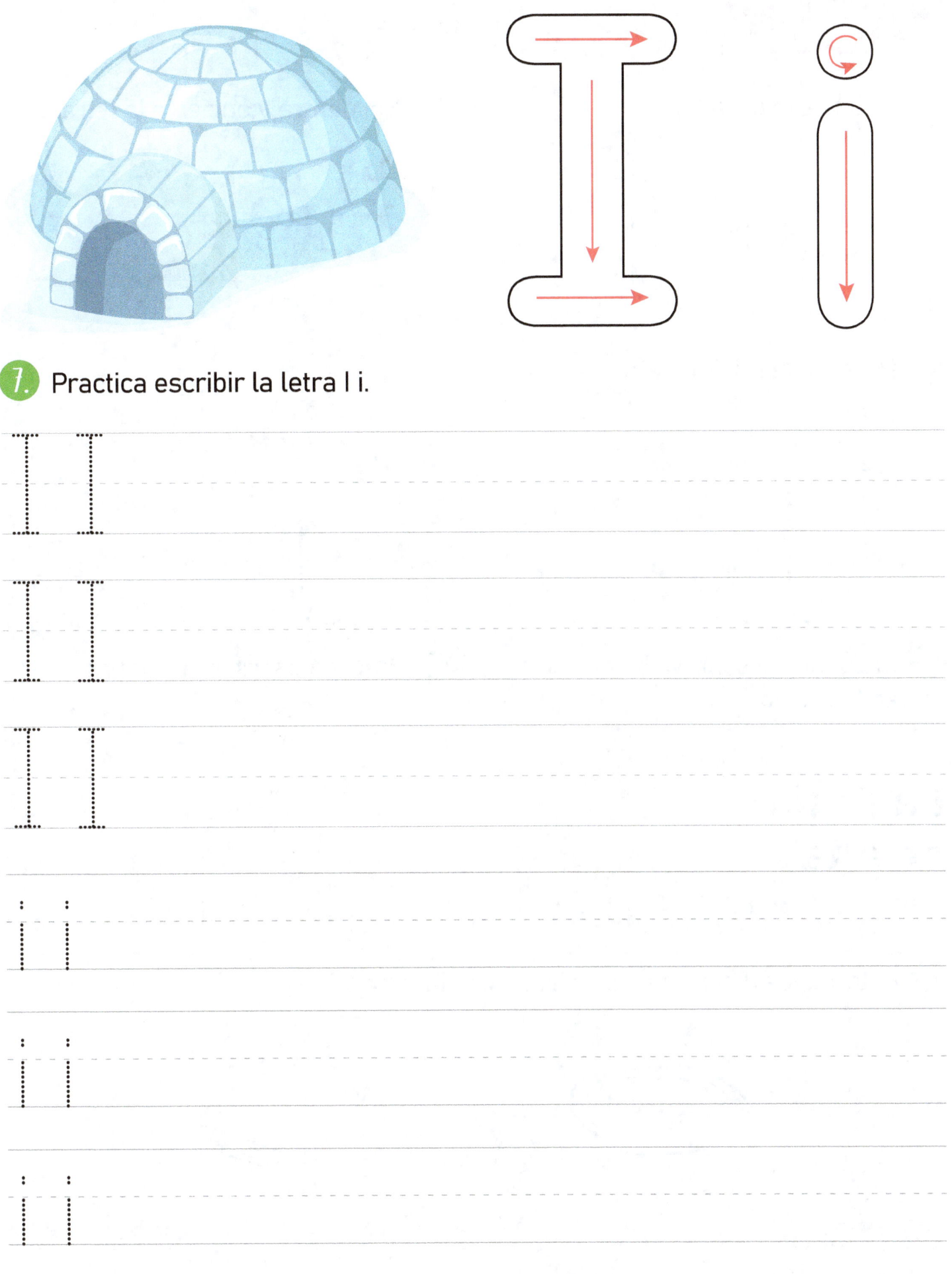

7. Practica escribir la letra I i.

LA LETRA J

1. Colorea la letra **J j**.

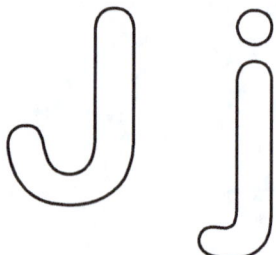

2. Encuentra y (encierra) la letra **J**.

A	J	L	A	M
J	P	A	J	Ñ
C	J	D	J	A

3. Practica escribir la letra **J j**.

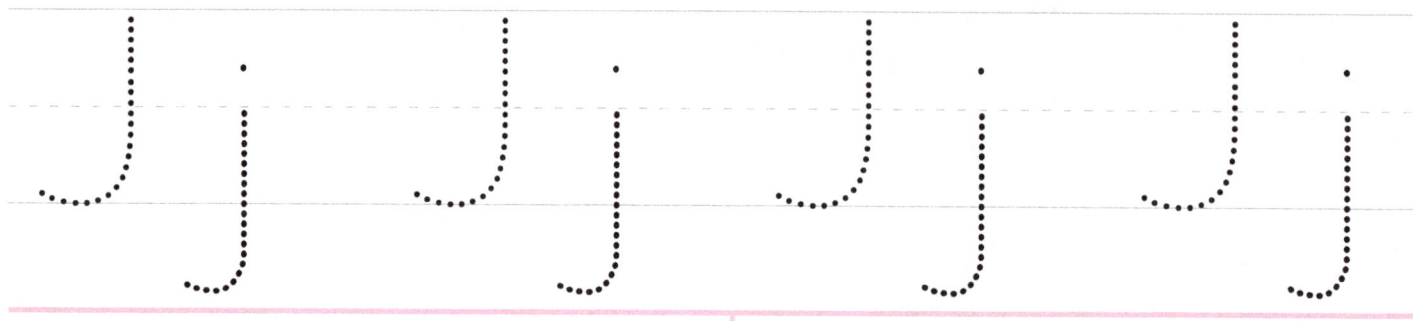

4. Encuentra y subraya la letra **J j** en la oración.

La jirafa es alta.

5. Practica escribir la palabra.

jirafa

6. Colorea los dibujos que empiecen con la letra **J j**.

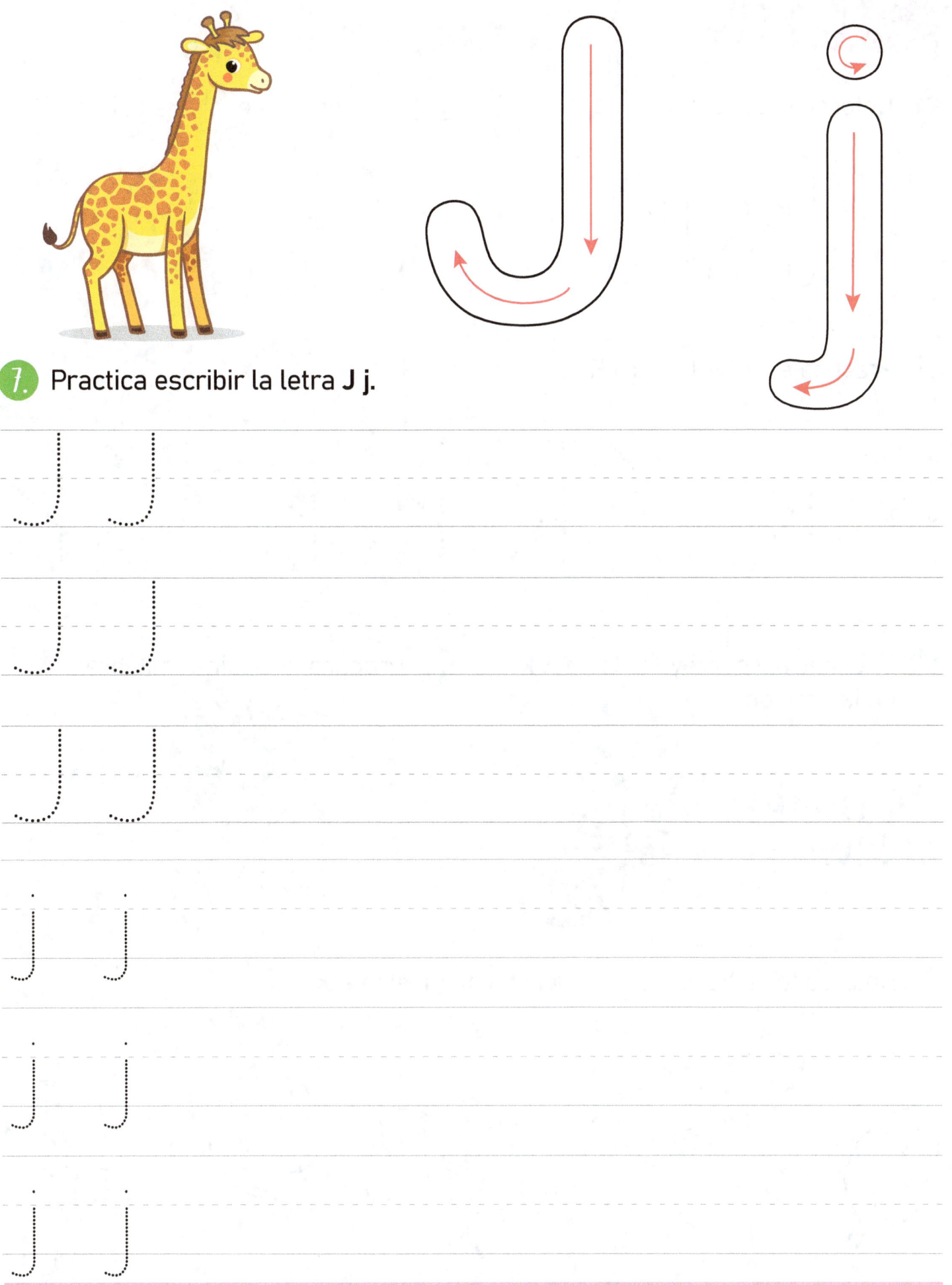

7. Practica escribir la letra **J j**.

LA LETRA K

1. Colorea la letra **K k**.

K k

2. Encuentra y (encierra) la letra **K**.

A	K	D	K	M
B	C	A	D	Ñ
K	A	K	C	K

3. Practica escribir la letra **K k**.

Kk Kk Kk Kk

4. Encuentra y <u>subraya</u> la letra **K k** en la oración.

Me gusta el kiwi.

5. Practica escribir la palabra.

kiwi

6. Colorea los dibujos que empiecen con la letra **K k**.

 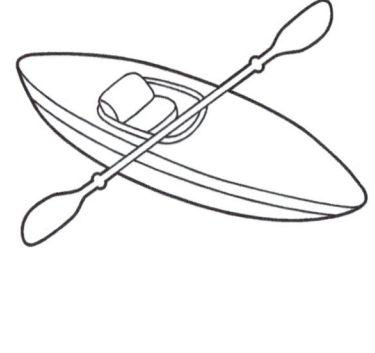   

hoja - kayak - kiwi - fuego - karate

7. Practica escribir la letra **K k.**

K K

K K

K K

k k

k k

k k

LA LETRA L

1. Colorea la letra **L l.**

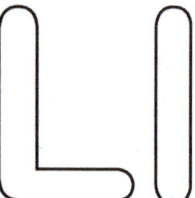

2. Encuentra y (encierra) la letra **L.**

A	L	D	A	M
L	P	I	L	Ñ
C	L	D	C	L

3. Practica escribir la letra **L l.**

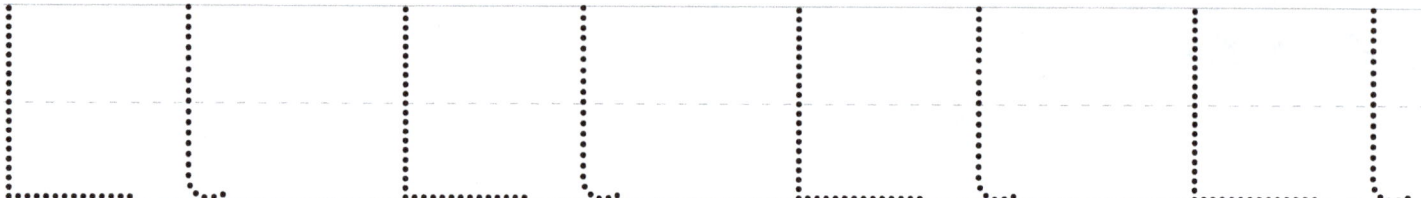

4. Encuentra y <u>subraya</u> la letra **L l** en la oración.

La llama es blanca.

5. Practica escribir la palabra.

6. Colorea los dibujos que empiecen con la letra **L l.**

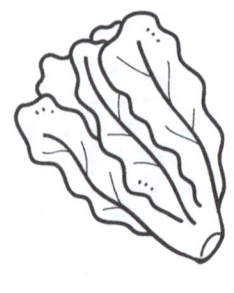    

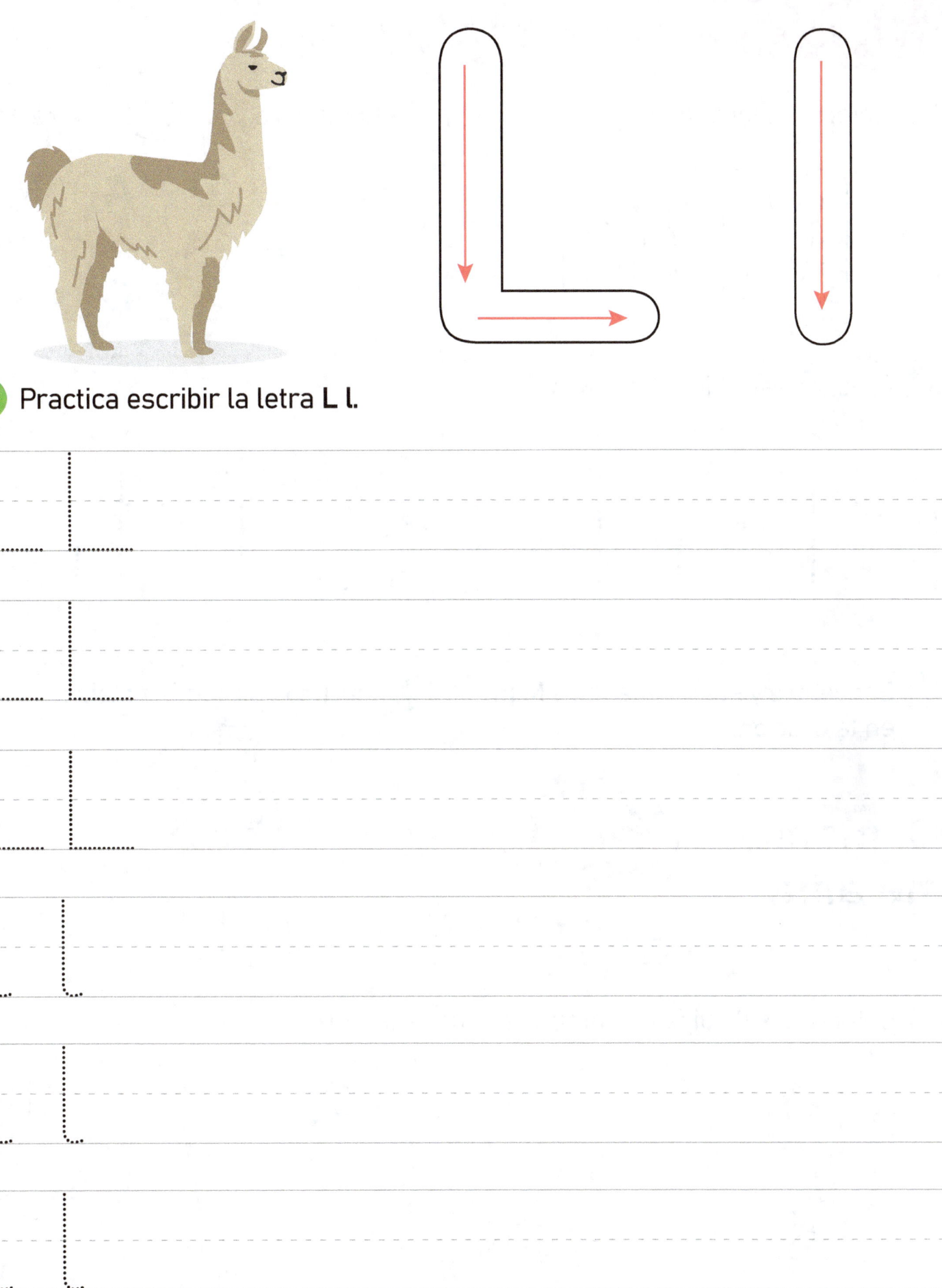

7. Practica escribir la letra **L l.**

LA LETRA M

1. Colorea la letra **M m.**

Mm

2. Encuentra y encierra la letra **M.**

A Z D A M
B M A M Ñ
M A M C A

3. Practica escribir la letra **M m.**

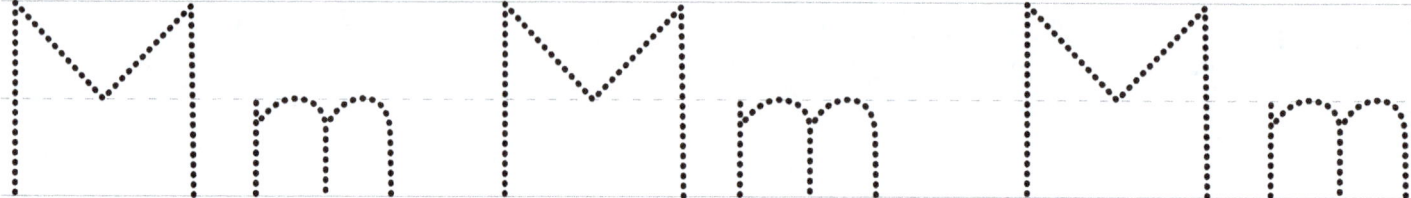

Mm Mm Mm

4. Encuentra y subraya la letra **M m** en la oración.

Mi mamá me ama.

5. Practica escribir la palabra.

mamá

6. Colorea los dibujos que empiecen con la letra **M m.**

7. Practica escribir la letra **M m.**

M M M

M M M

M M M

m m

m m

m m

LA LETRA N

1. Colorea la letra **N n.**

N n

2. Encuentra y (encierra) la letra **N.**

N	Z	N	A	M
B	P	A	N	Ñ
C	N	D	C	N

3. Practica escribir la letra **N n.**

Nn Nn Nn Nn

4. Encuentra y subraya la letra **N n** en la oración.

El nene está jugando.

5. Practica escribir la palabra.

nene

6. Colorea los dibujos que empiecen con la letra **N n.**

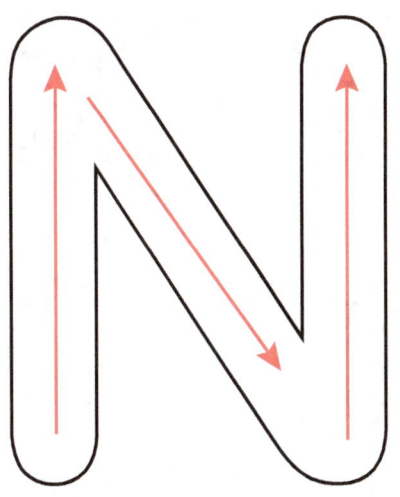

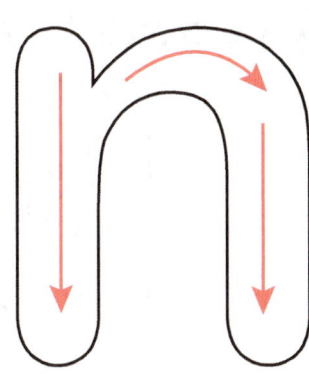

7. Practica escribir la letra **N n**.

NN

NN

NN

n n

n n

n n

 **LENGUA**

LA LETRA Ñ

1. Colorea la letra **Ñ ñ**.

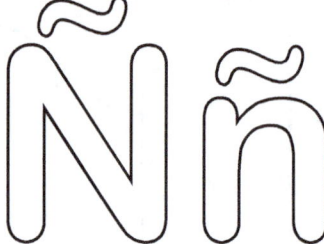

2. Encuentra y ⟨encierra⟩ la letra **Ñ**.

A Ñ D Ñ C
Ñ P A C Ñ
A Ñ C Ñ A

3. Practica escribir la letra **Ñ ñ**.

4. Encuentra y <u>subraya</u> la letra **Ñ ñ** en la oración.

El ñandú es un ave.

5. Practica escribir la palabra.

ñandú

6. Colorea los dibujos que empiecen con la letra **Ñ ñ**.

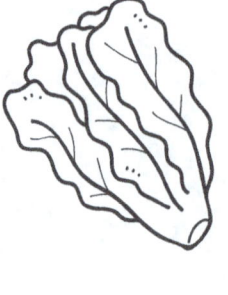

ñoquis - nido - lechuga - chancho - ñu

32

7. Practica escribir la letra **Ñ ñ.**

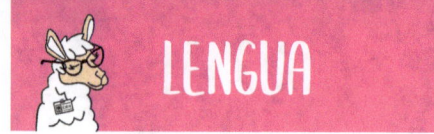 **LENGUA**

LA LETRA O

1. Colorea la letra **O o**.

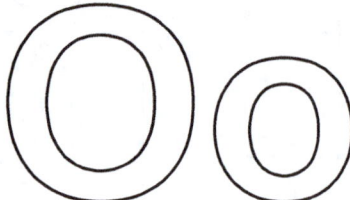

2. Encuentra y (encierra) la letra **O**.

A	Z	D	A	O
B	O	A	O	Ñ
C	A	O	C	O

3. Practica escribir la letra **O o**.

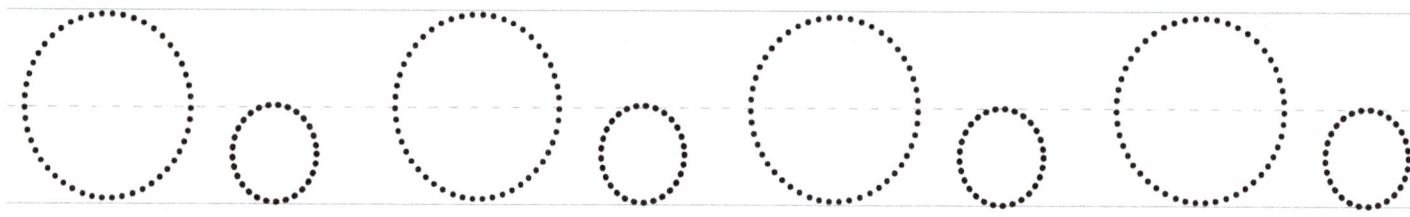

4. Encuentra y subraya la letra **O o** en la oración.

El oso es grande.

5. Practica escribir la palabra.

OSO

6. Colorea los dibujos que empiecen con la letra **O o**.

  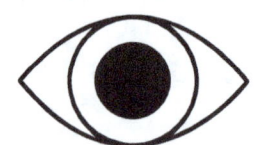  

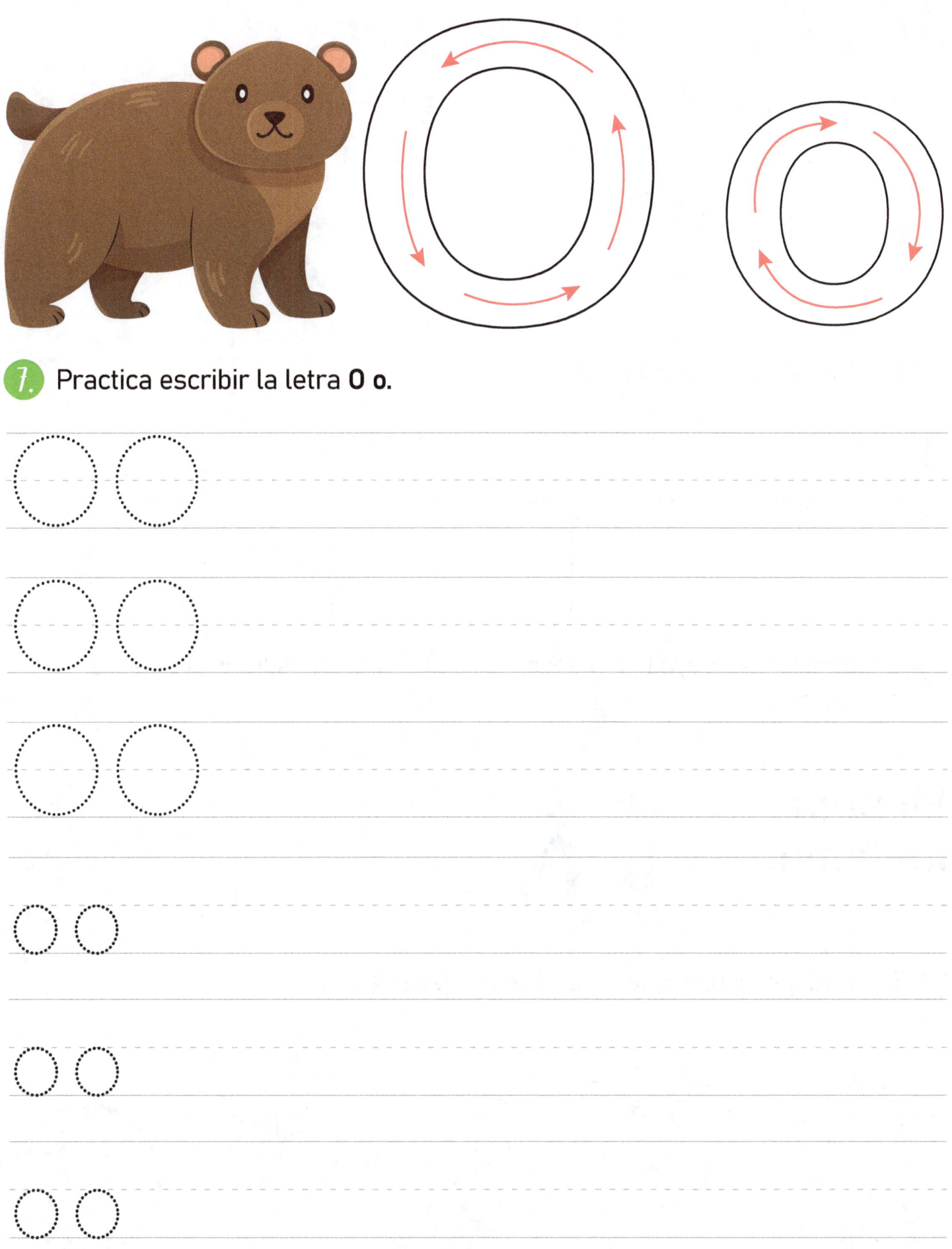

7. Practica escribir la letra **O o**.

LA LETRA P

1. Colorea la letra **P p.**

2. Encuentra y (encierra) la letra **P.**

A	Z	P	A	P
P	P	A	C	Ñ
C	A	D	P	A

3. Practica escribir la letra **P p.**

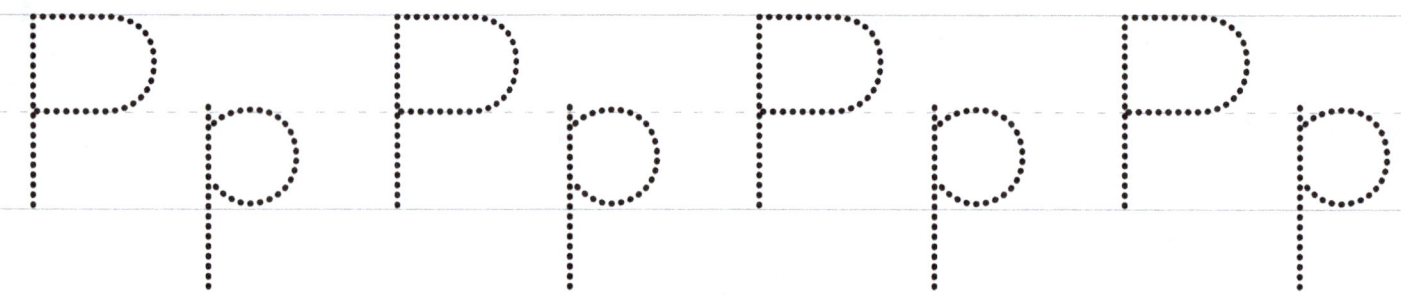

4. Encuentra y subraya la letra **P p** en la oración.

Mi papá me ama.

5. Practica escribir la palabra.

papá

6. Colorea los dibujos que empiecen con la letra **P p.**

7. Practica escribir la letra **P p.**

P P

P P

P P

P P

P P

P P

 **LENGUA**

LA LETRA Q

1. Colorea la letra **Q q**.

2. Encuentra y encierra la letra **Q**.

Q	Z	D	Q	M
B	Q	A	C	Q
C	A	Q	C	A

3. Practica escribir la letra **Q q**.

4. Encuentra y subraya la letra **Q q** en la oración.

Me gusta el queso.

5. Practica escribir la palabra.

queso

6. Colorea los dibujos que empiecen con la letra **Q q**.

7. Practica escribir la letra **Q q.**

Q Q

Q Q

Q Q

q q

q q

q q

LA LETRA R

1. Colorea la letra **R r.**

R r

2. Encuentra y encierra la letra **R.**

A	Z	D	R	M
R	P	R	C	Ñ
C	R	D	C	R

3. Practica escribir la letra **R r.**

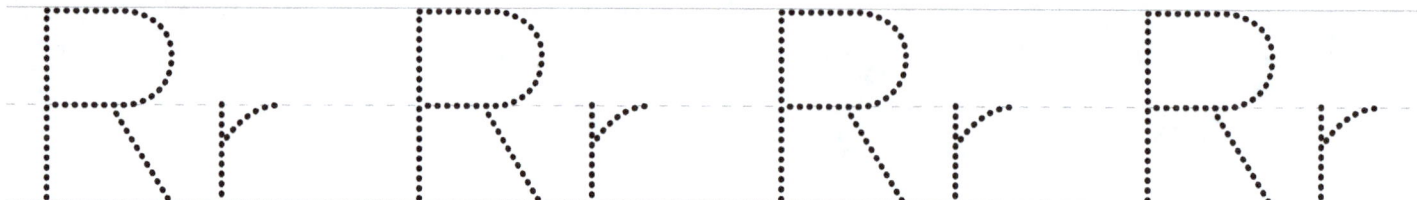

Rr Rr Rr Rr Rr

4. Encuentra y <u>subraya</u> la letra **R r** en la oración.

Me gusta el río.

5. Practica escribir la palabra.

río

6. Colorea los dibujos que empiecen con la letra **R r.**

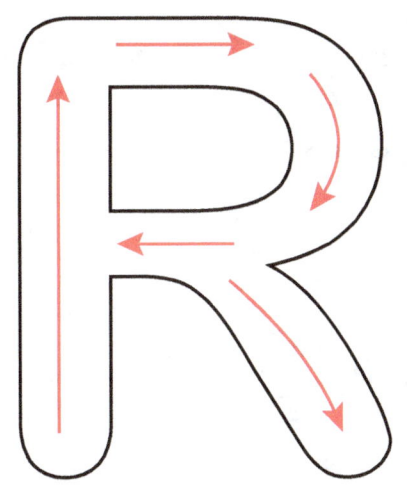
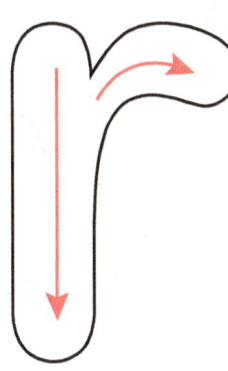

7. Practica escribir la letra **R r**.

R R

R R

R R

r r

r r

r r

LA LETRA S

1. Colorea la letra **S s.**

S s

2. Encuentra y (encierra) la letra **S.**

A	Z	D	S	M
B	S	A	C	S
S	A	S	S	Ñ

3. Practica escribir la letra **S s.**

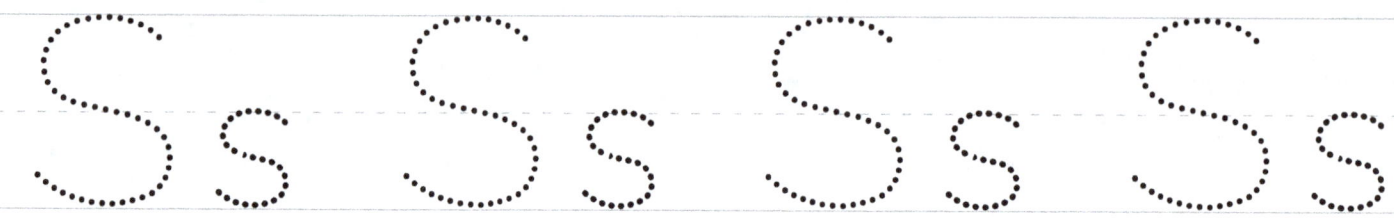

Ss Ss Ss Ss

4. Encuentra y subraya la letra **S s** en la oración.

Me gusta jugar bajo el sol.

5. Practica escribir la palabra.

sol

6. Colorea los dibujos que empiecen con la letra **S s.**

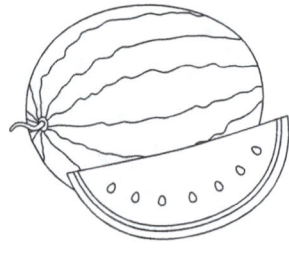    

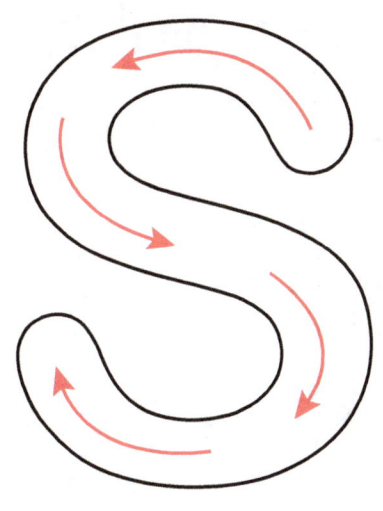
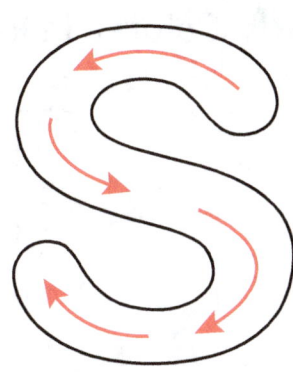

7. Practica escribir la letra **S s.**

S S

S S

S S

s s

s s

s s

LA LETRA T

1. Colorea la letra **T t.**

T t

2. Encuentra y (encierra) la letra **T.**

A	Z	D	A	T
B	T	A	T	Ñ
T	A	T	C	A

3. Practica escribir la letra **T t.**

T t T t T t

4. Encuentra y <u>subraya</u> la letra **T t** en la oración.

El tomate es rojo.

5. Practica escribir la palabra.

tomate

6. Colorea los dibujos que empiecen con la letra **T t.**

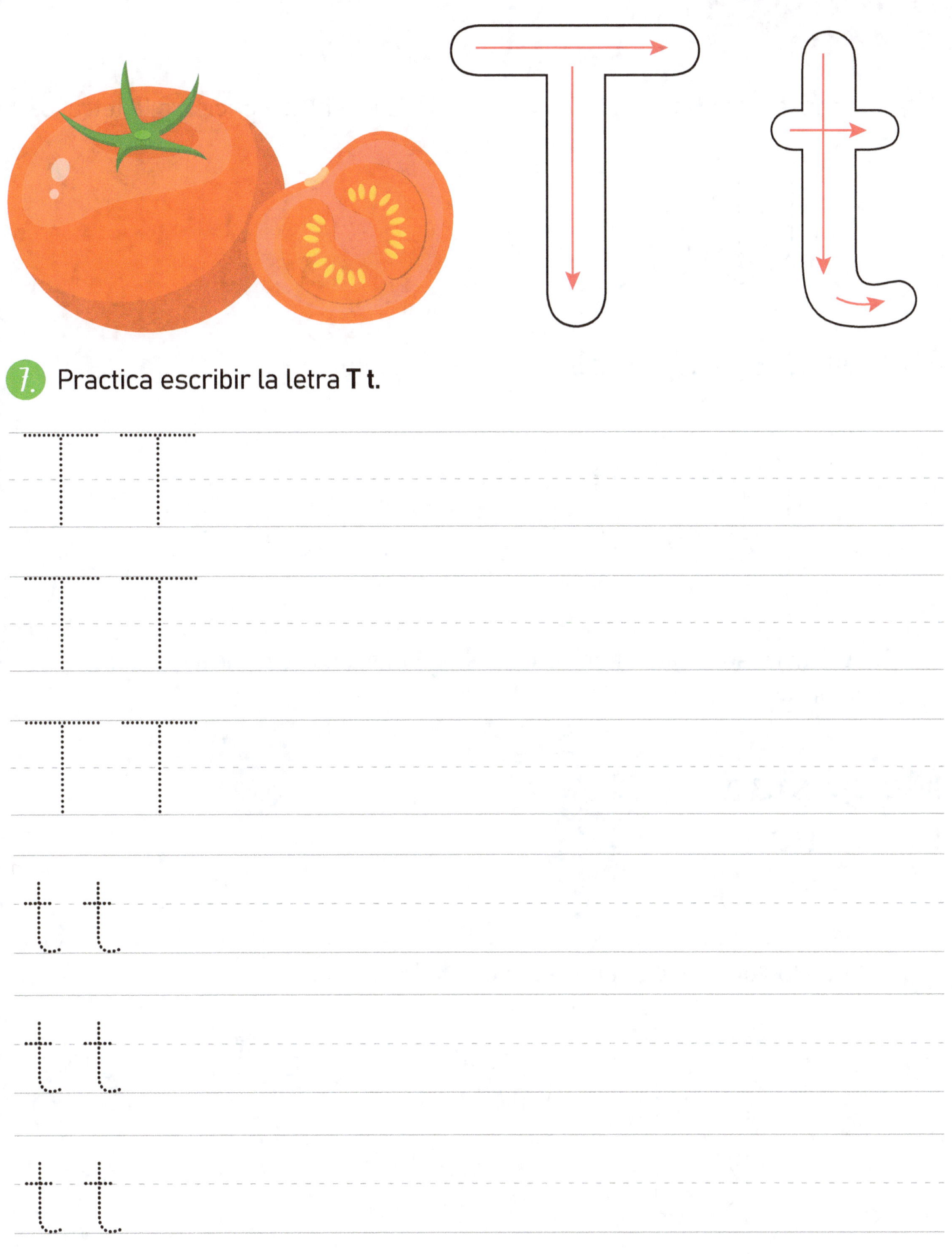

7. Practica escribir la letra **T t.**

LA LETRA U

1. Colorea la letra **U u.**

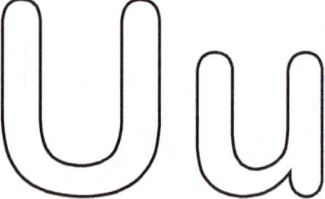

2. Encuentra y (encierra) la letra **U.**

A	U	D	U	M
B	P	U	C	Ñ
U	A	D	C	U

3. Practica escribir la letra **U u.**

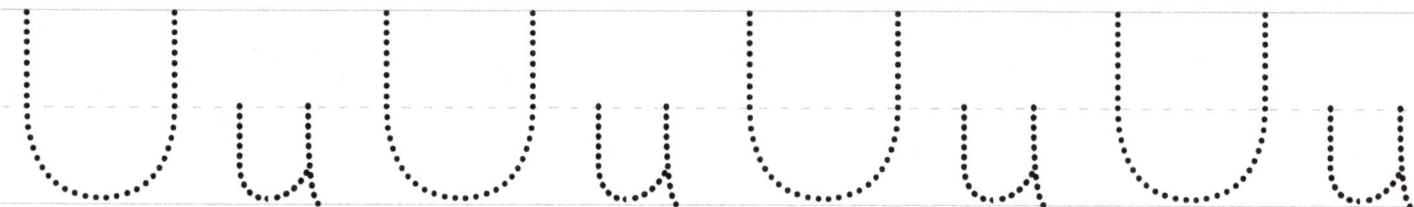

4. Encuentra y <u>subraya</u> la letra **U u** en la oración.

Me gustan las uvas.

5. Practica escribir la palabra.

uvas

6. Colorea los dibujos que empiecen con la letra **U u.**

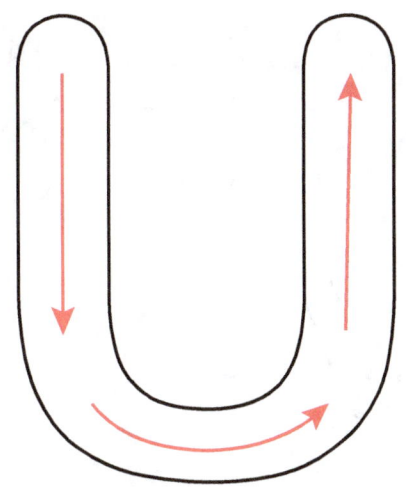
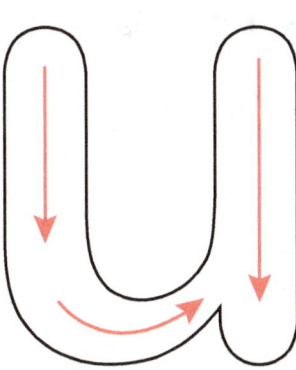

7. Practica escribir la letra **U u.**

LA LETRA V

1. Colorea la letra **V v**.

2. Encuentra y (encierra) la letra **V**.

A	Z	V	A	V
V	P	A	V	Ñ
C	V	D	C	V

3. Practica escribir la letra **V v**.

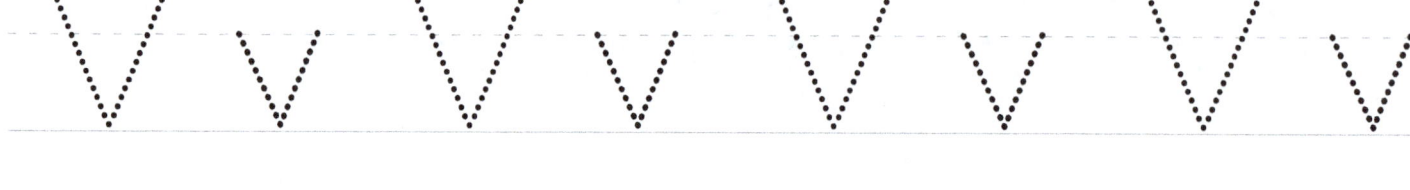

4. Encuentra y <u>subraya</u> la letra **V v** en la oración.

El vaso está lleno.

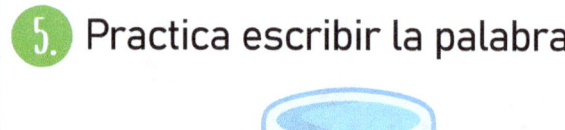

5. Practica escribir la palabra.

6. Colorea los dibujos que empiecen con la letra **V v**.

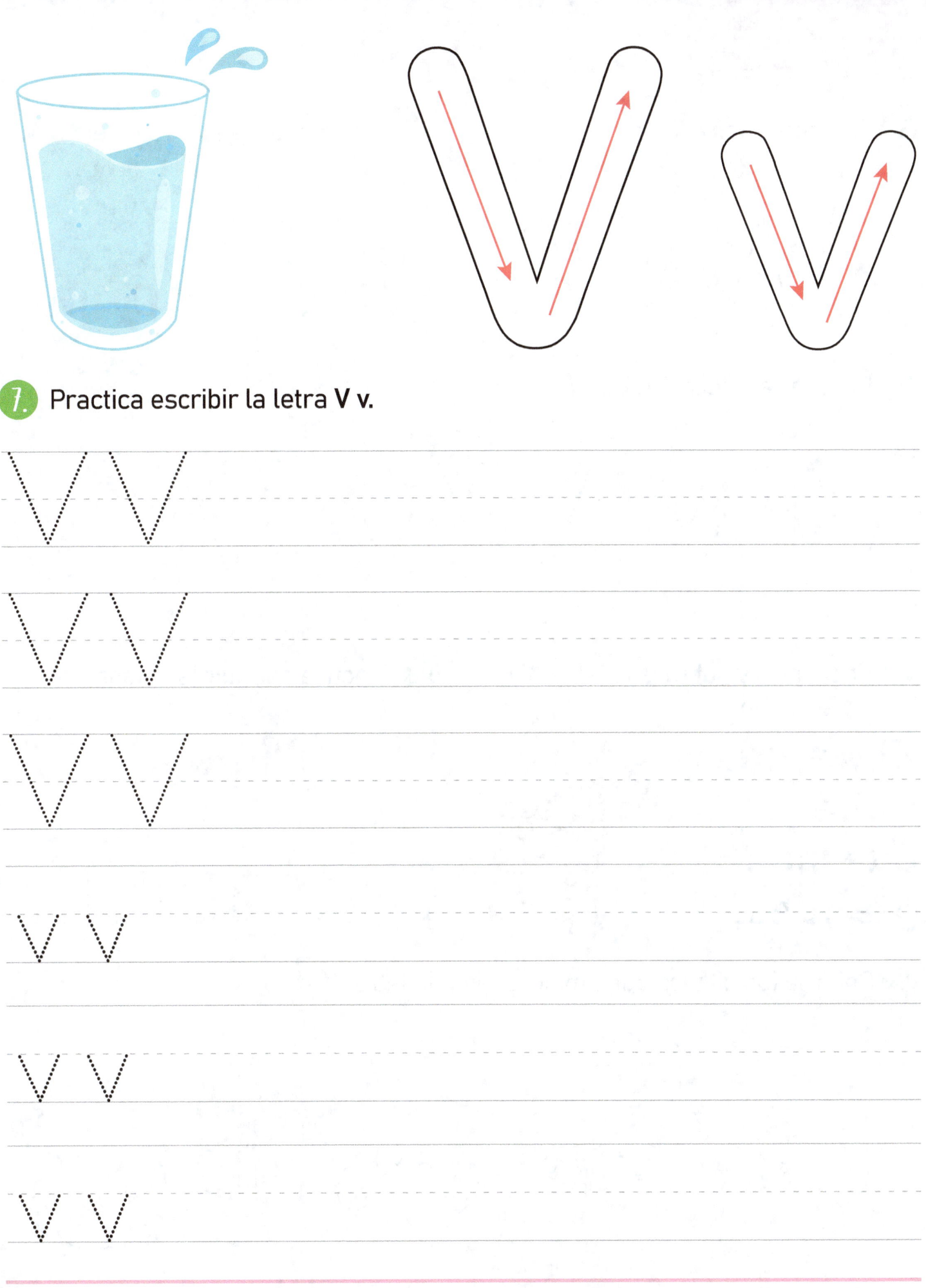

7. Practica escribir la letra **V v.**

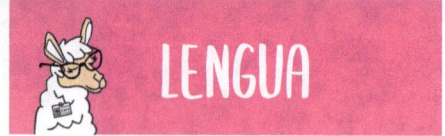

 LENGUA

LA LETRA W

1. Colorea la letra **W w.**

2. Encuentra y (encierra) la letra **W.**

A   Z   V   W   V

V   W   A   V   Ñ

W   C   W   C   W

3. Practica escribir la letra **W w.**

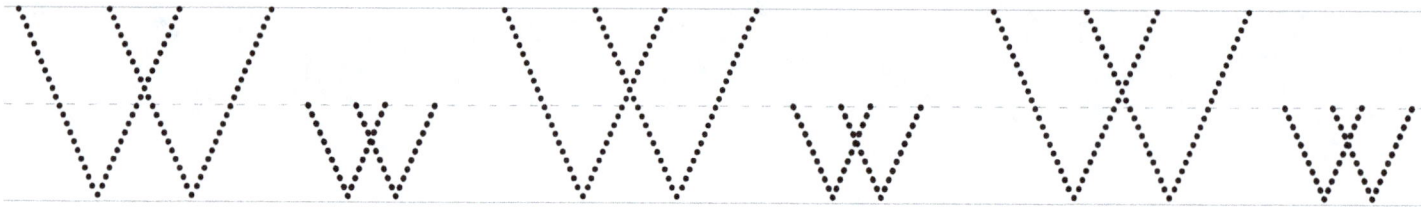

W   w   W   w   W   w

4. Encuentra y <u>subraya</u> la letra **W w** en la oración.

El wapiti tiene cuernos grandes.

5. Practica escribir la palabra.

wapiti

6. Colorea los dibujos que empiecen con la letra **W w.**

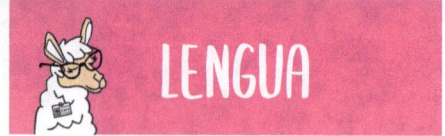

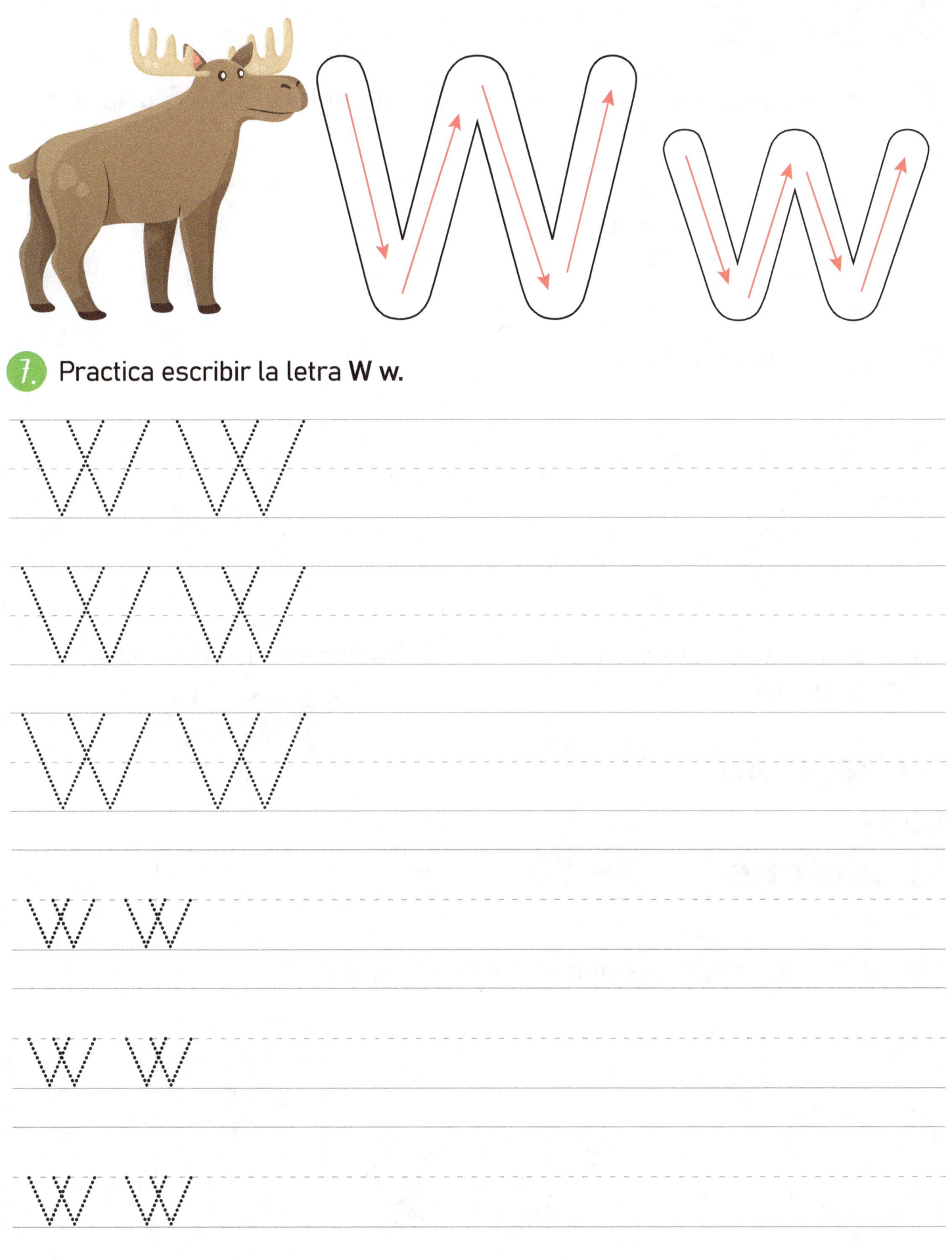

7. Practica escribir la letra **W w.**

LA LETRA X

1. Colorea la letra **X x**.

2. Encuentra y (encierra) la letra **X**.

A	X	V	X	V
V	P	X	V	Ñ
X	V	D	C	X

3. Practica escribir la letra **X x**.

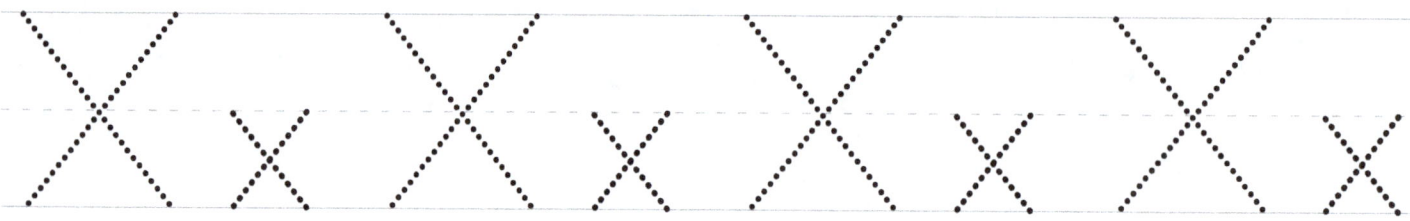

4. Encuentra y <u>subraya</u> la letra **X x** en la oración.

Mi hermano toca el xilófono.

5. Practica escribir la palabra.

xilófono

6. Colorea los dibujos que empiecen con la letra **X x**.

corazón - raqueta - xenosaurio - vaso - xerus

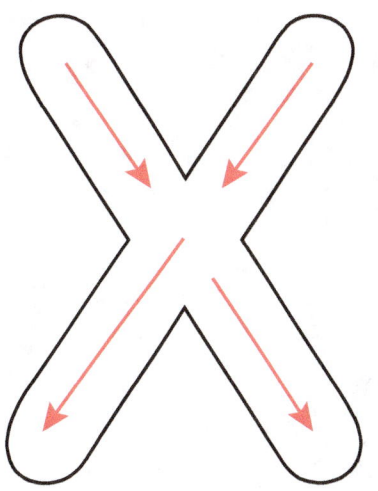
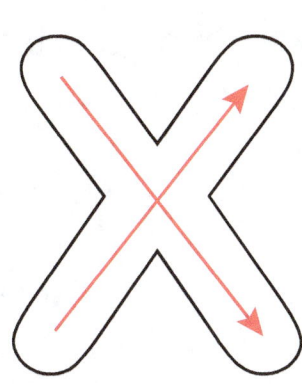

7. Practica escribir la letra **X x.**

X X

X X

X X

X X

X X

X X

LA LETRA Y

1. Colorea la letra Y y.

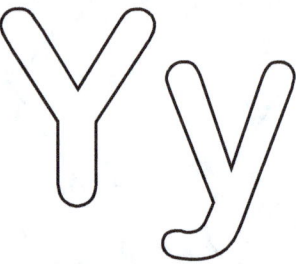

2. Encuentra y encierra la letra Y.

Y Z Y A Y
V Y A V Ñ
C V D Y V

3. Practica escribir la letra Y y.

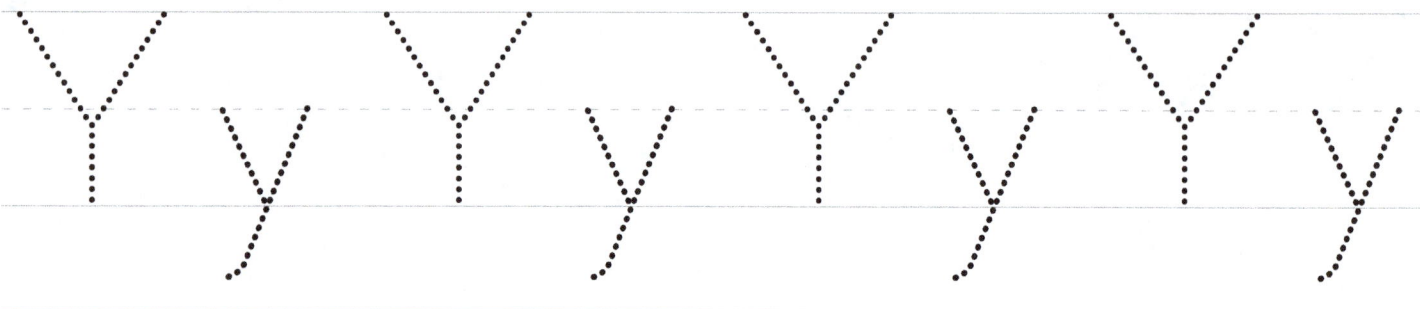

4. Encuentra y subraya la letra Y y en la oración.

El yogur es muy rico.

5. Practica escribir la palabra.

yogur

6. Colorea los dibujos que empiecen con la letra Y y.

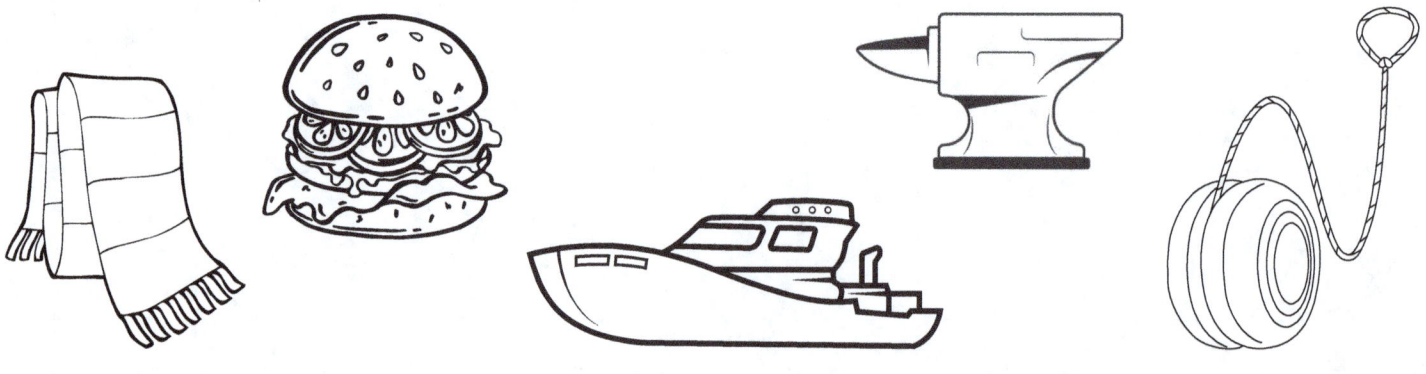

bufanda - hamburguesa - yate - yunque - yoyo

54

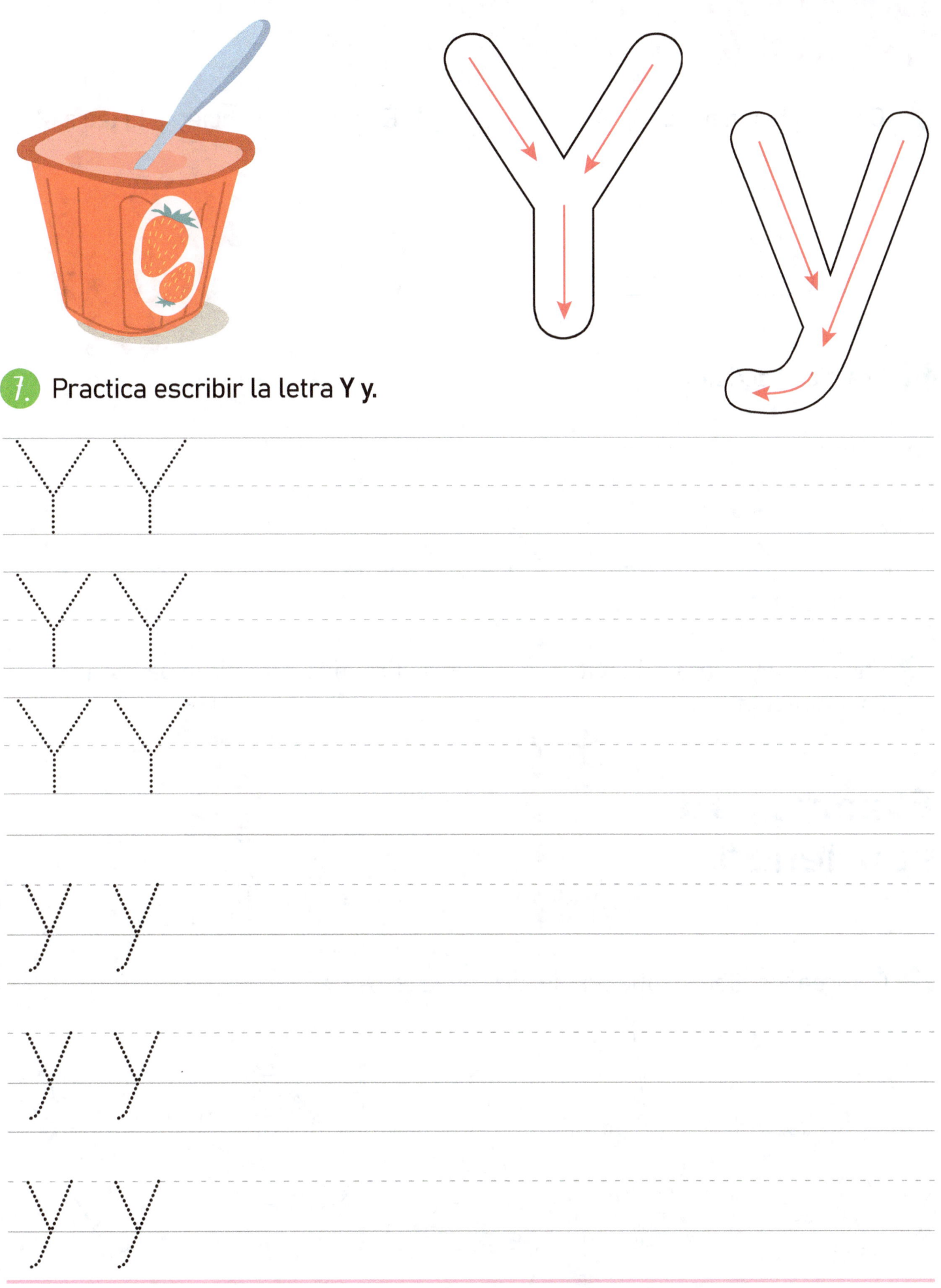

7. Practica escribir la letra **Y y.**

LA LETRA Z

1. Colorea la letra **Z z.**

2. Encuentra y (encierra) la letra **Z.**

A Z Z A B
Z P A Z Ñ
C Z D C Z

3. Practica escribir la letra **Z z.**

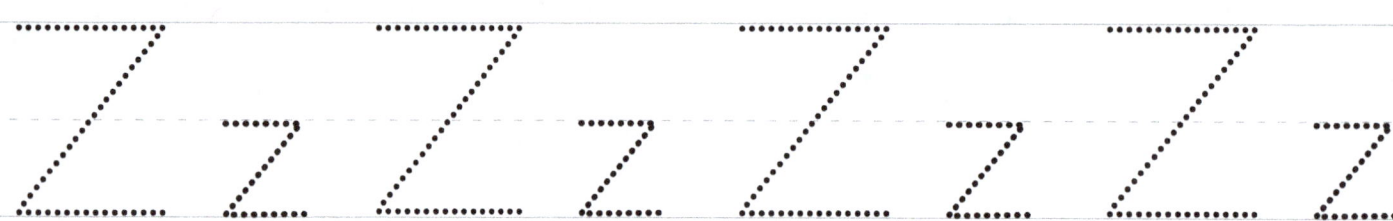

4. Encuentra y subraya la letra **Z z** en la oración.

El zorro está sonriendo.

5. Practica escribir la palabra.

zorro

6. Colorea los dibujos que empiecen con la letra **Z z.**

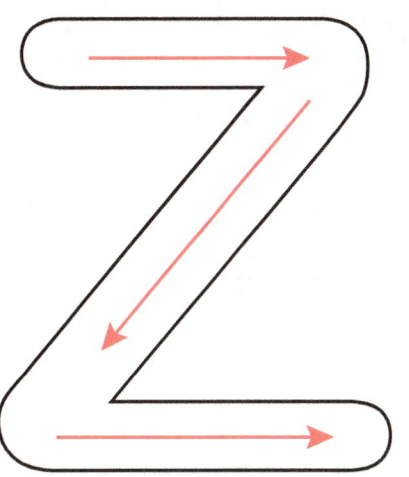
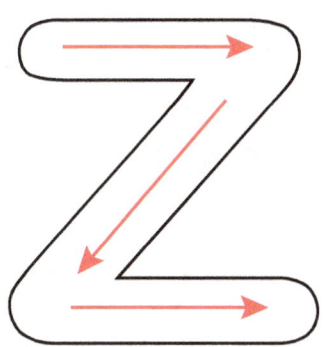

7. Practica escribir la letra **Z z**.

Z Z

Z Z

Z Z

Z Z

Z Z

Z Z

YO PUEDO ESCRIBIR MI NOMBRE

1. Escribe tu nombre con un lápiz.

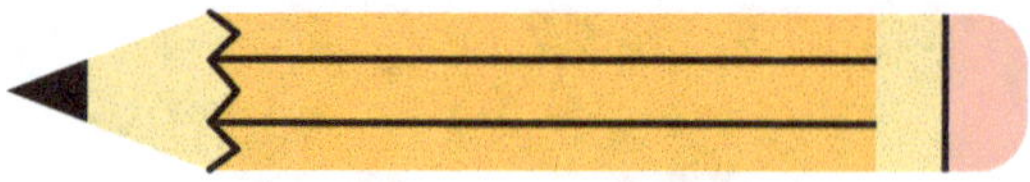

2. Escribe tu nombre con un crayón.

3. Escribe tu nombre con un lápiz de color.

LAS VOCALES

1. Pronuncia las vocales.

2. Dibuja tu boca al pronunciar las vocales.
¿Qué forma tiene tu boca?

A	E	I

O	U

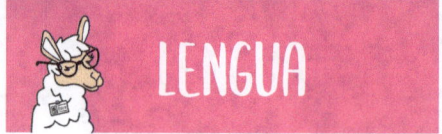
LAS SÍLABAS

1. Yo puedo formar sílabas.

BA	BE	BI	BO	BU

2. Colorea las sílabas como se indica.

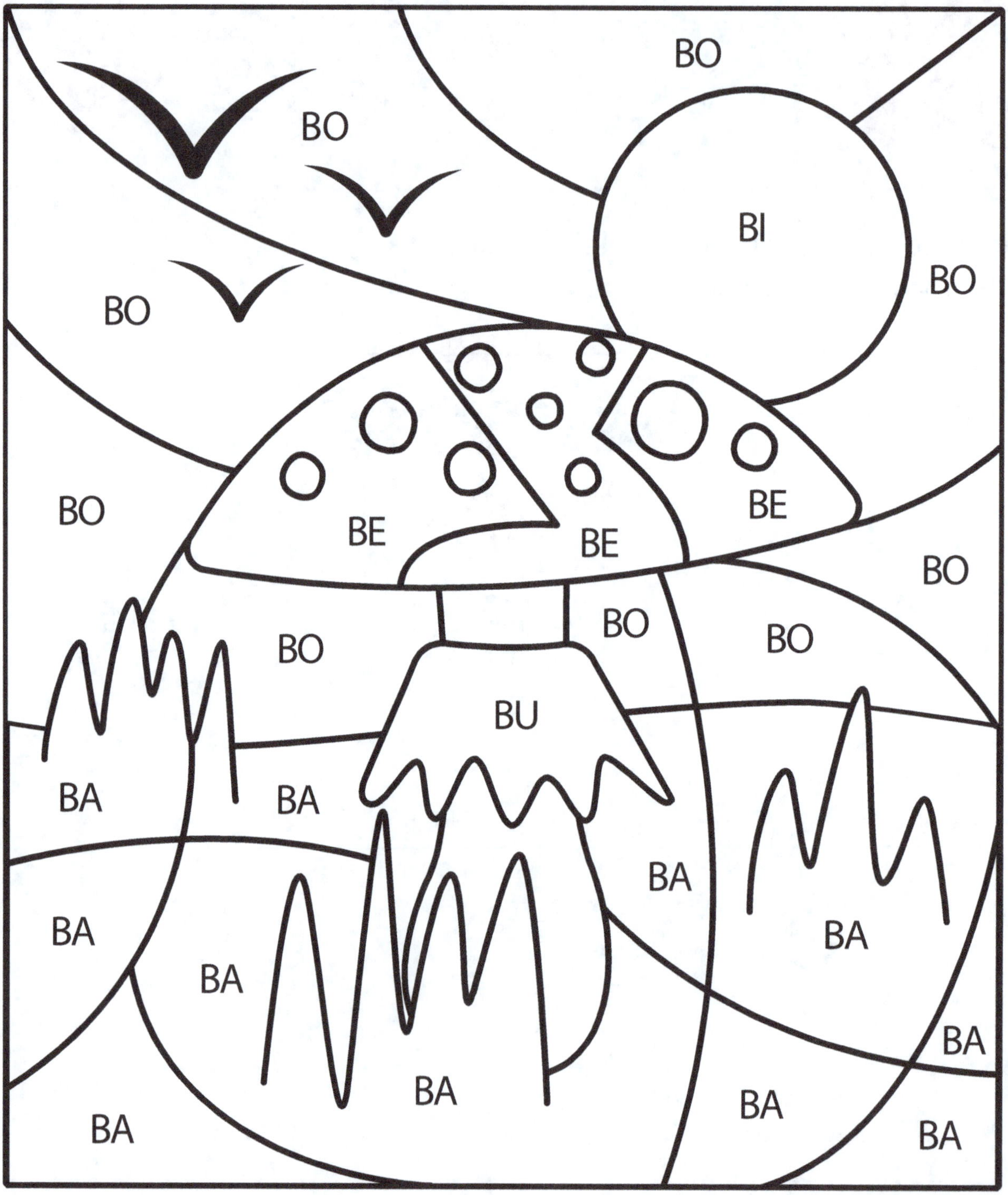

BO

BO

BI

BO

BO

BO

BE

BE

BE

BO

BO

BO

BO

BU

BA

BA

BA

BA

BA

BA

BA

BA

BA

BA

BA

3. Practica escribir las sílabas.

ba	ta
ba	ta

be	bé

bi	ci

bo	ta

bu	rro

ba – be – bi – bo – bu

LAS SÍLABAS

1. Yo puedo formar sílabas.

DA	DE	DI	DO	DU

2. Colorea las sílabas como se indica.

DI
DI
DE
DE
DI
DI
DE
DE
DE
DI
DE
DE
DE
DA
DE
DI
DE
DE
DI
DE
DE
DI
DE
DE
DE
DI
DU
DI
DI
DU
DO
DI
DO
DU
DO
DO

62

3. Practica escribir las sílabas.

da	do
da	do

de	do

di	no

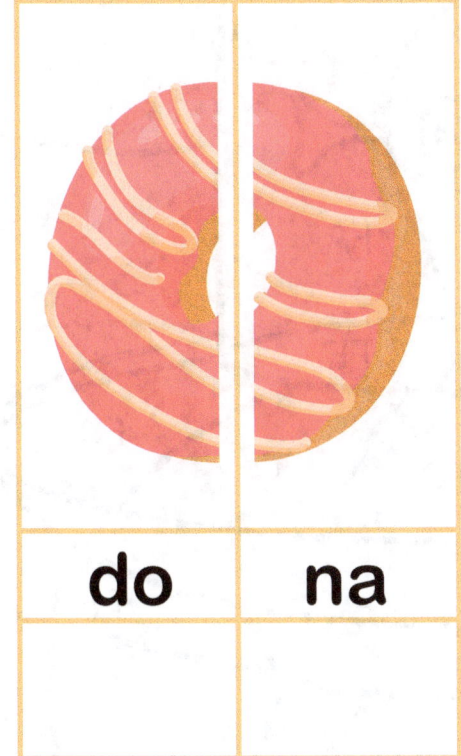

do	na

du	da

da – de – di – do – du

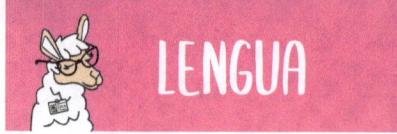
LAS SÍLABAS

1. Yo puedo formar sílabas.

FA	FE	FI	FO	FU

2. Colorea las sílabas como se indica.

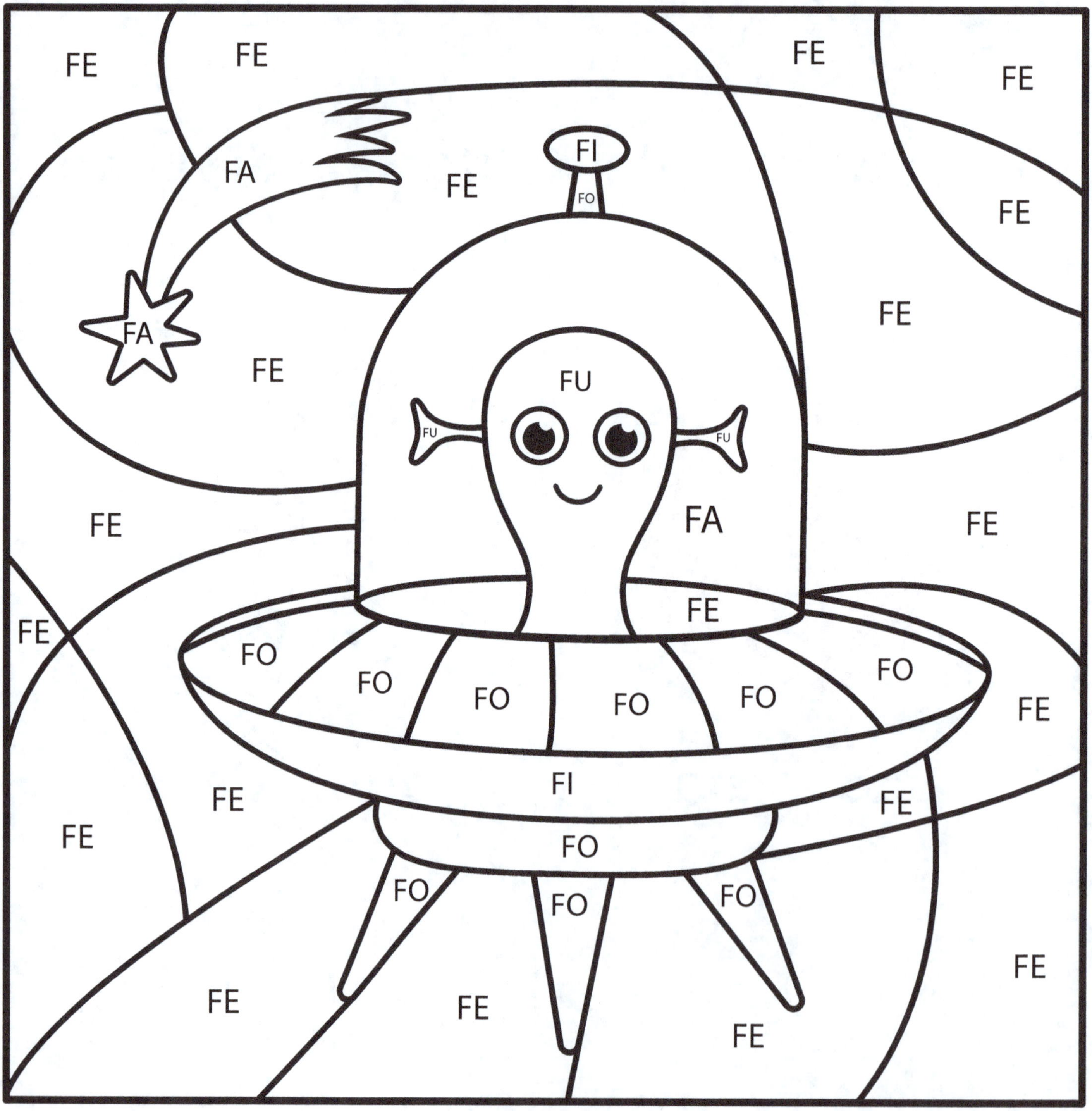

FE FE FE FE
FA FE FI FO
FE FE FA
FE FU FA
FU FU FE
FE FE FO
FE FE FO FO FO FO FO FO FE
FE FI FE
FE FO FE
FE FO FO FO FE
FE FE FE

3. Practica escribir las sílabas.

fa	ro
fa	ro

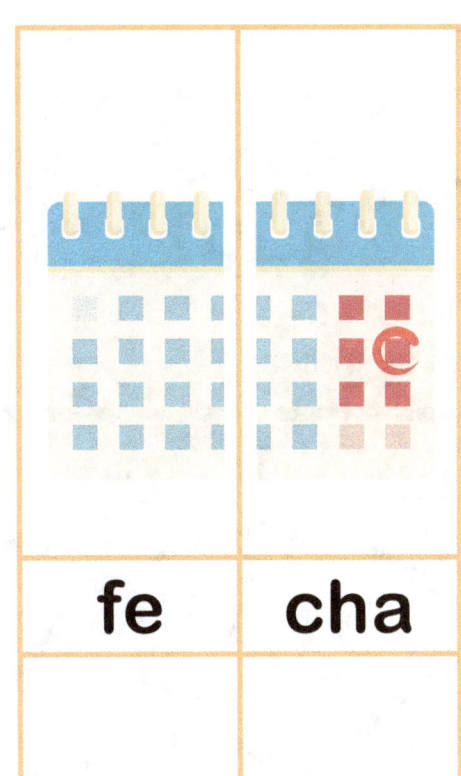

fe	cha

fi	la

fo	ca

fút	bol

fa – fe – fi – fo – fu

LAS SÍLABAS

1. Yo puedo formar sílabas.

| LA | LE | LI | LO | LU |

2. Colorea las sílabas como se indica.

LU · LU · LU
LU · LI · LI · LU
LU · LI · LI · LU · LU
LI · LI · LU
LU · LO · LO · LU
LU · LE · LE · LE · LU
LU
LU · LO · LO · LO · LU · LU
LU · LA · LU · LU
LU · LU · LA · LU
LU · LU · LU

3. Practica escribir las sílabas.

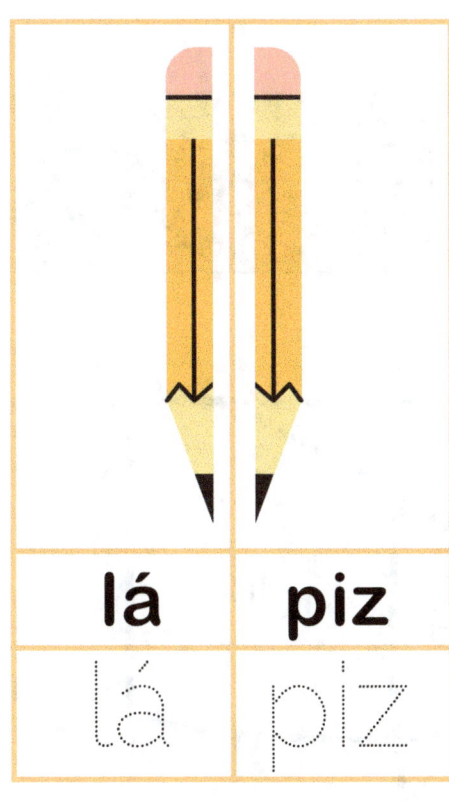

lá	piz
lá	piz

le	che

li	món

lo	bo

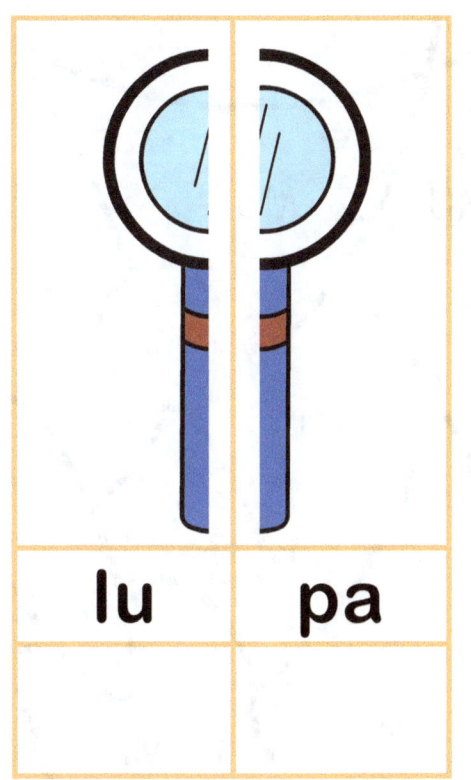

lu	pa

la — le — li — lo — lu

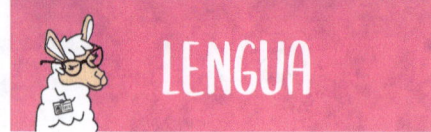

LAS SÍLABAS

1. Yo puedo formar sílabas.

MA	ME	MI	MO	MU

2. Colorea las sílabas como se indica.

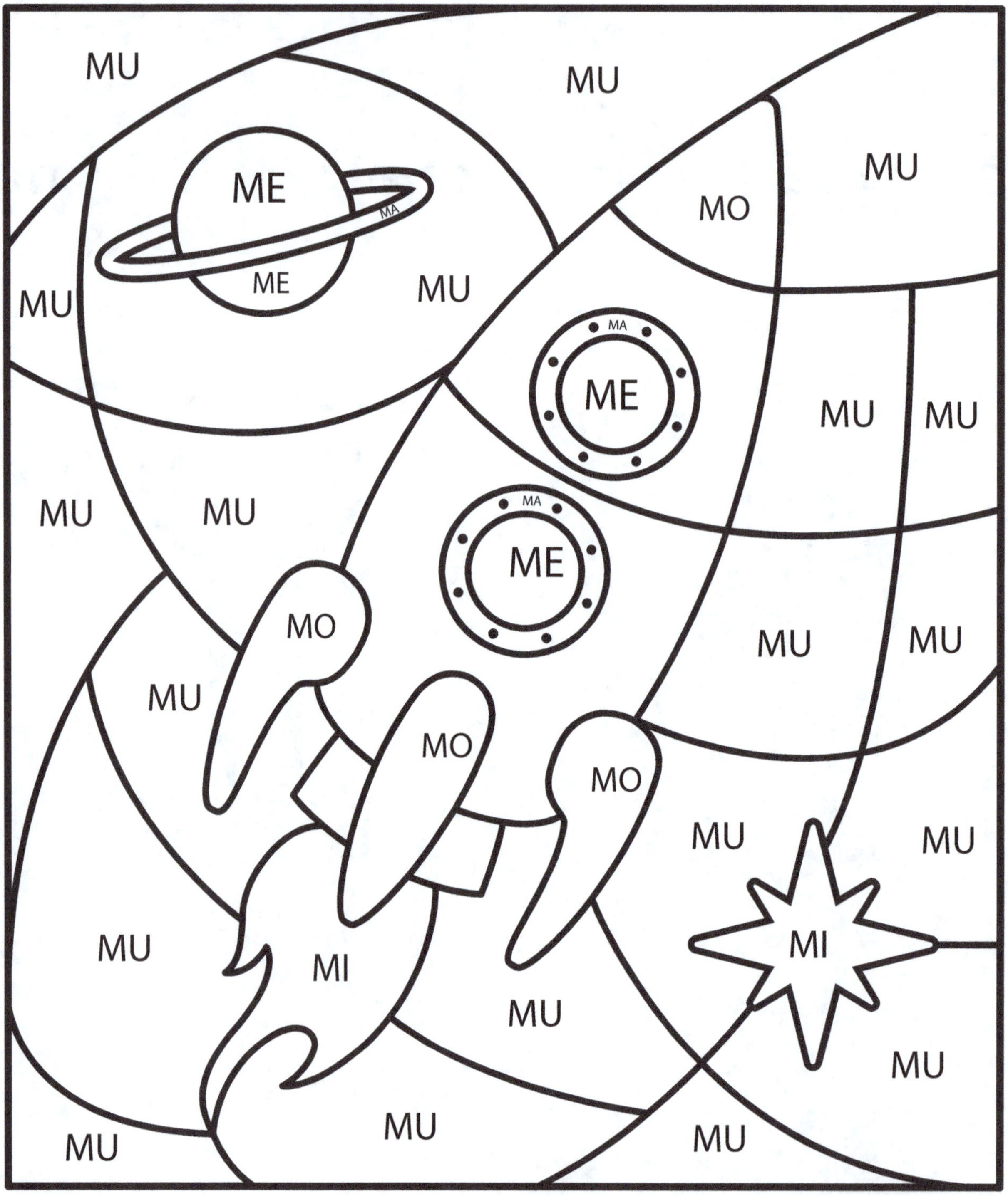
MU
MU
ME
MA
ME
MU
MO
MU
MU
MA
ME
MU
MU
MU
MU
MA
ME
MO
MU
MU
MU
MO
MO
MU
MU
MU
MI
MI
MU
MU
MU
MU
MU
MU

3. Practica escribir las sílabas.

ma	má
ma	má

me	sa

mi	mos

mo	no

mu	ro

ma - me - mi - mo - mu

LAS SÍLABAS

1. Yo puedo formar sílabas.

NA	NE	NI	NO	NU

2. Colorea las sílabas como se indica.

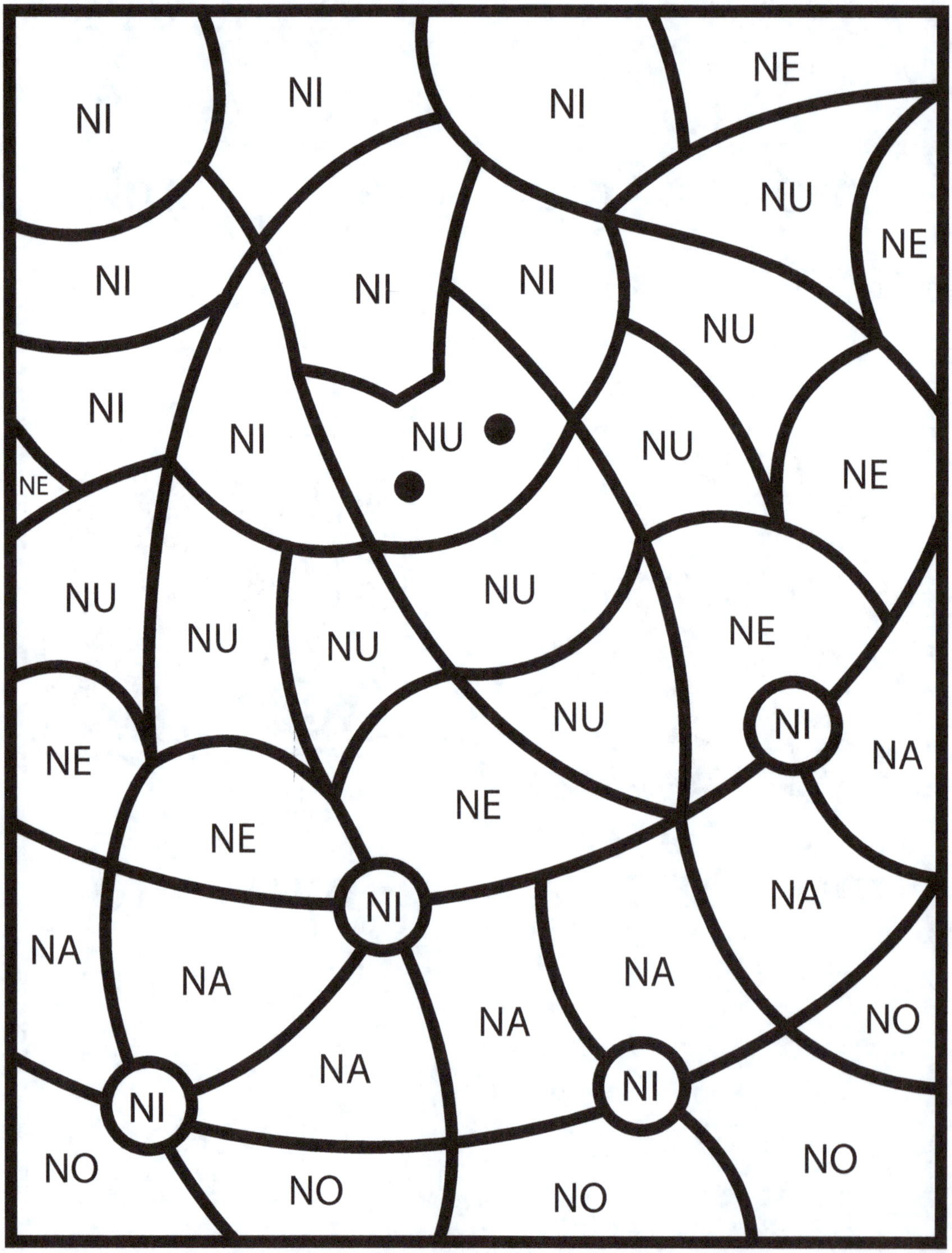

NI · NI · NI · NE · NI · NU · NE · NI · NI · NI · NU · NI · NE · NU · NU · NE · NI · NU · NU · NU · NU · NU · NE · NU · NU · NU · NU · NE · NI · NA · NE · NE · NA · NI · NA · NA · NA · NO · NA · NA · NI · NO · NO · NO · NO

70

3. Practica escribir las sílabas.

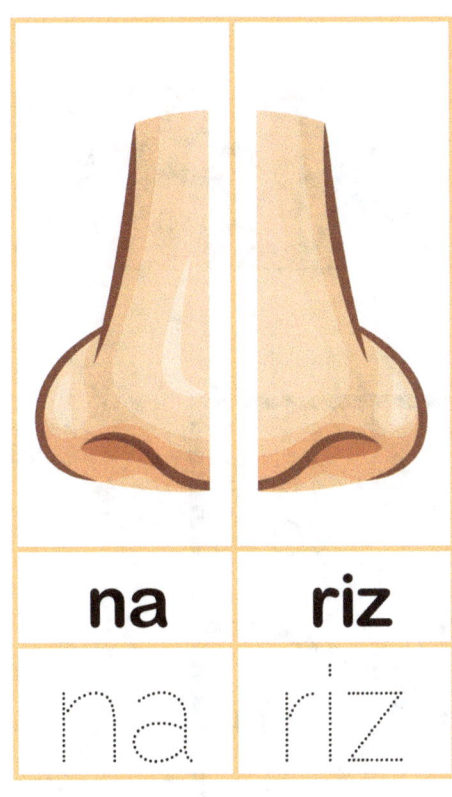

na	riz
na	riz

ne	ne

ni	do

nu	be

no	che

na - ne - ni - no - nu

LAS SÍLABAS

1. Yo puedo formar sílabas.

PA	PE	PI	PO	PU

2. Colorea las sílabas como se indica.

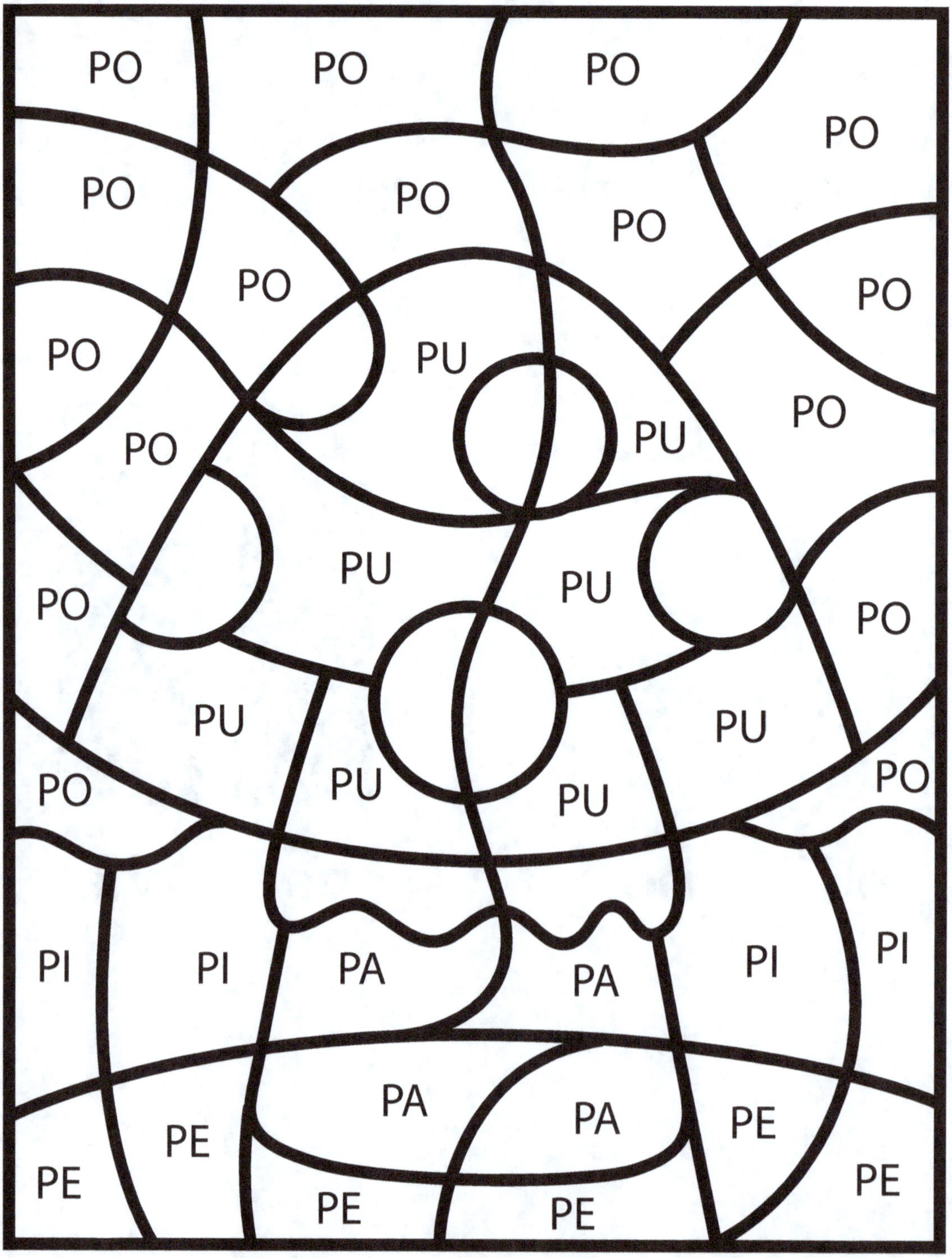

PO PO PO

PO PO PO PO

PO PU PO

PO PU PO

PO PU PU PO

PO PU PU

PU PU PU PO

PO

PI PI PA PA PI PI

PA PA PE

PE PE PE

PE PE PE

3. Practica escribir las sílabas.

pa	pá
pa	pá

pe	ra

pi	la

po	llo

pu	ré

pa – pe – pi – po – pu

LAS SÍLABAS

1. Yo puedo formar sílabas.

TA	TE	TI	TO	TU

2. Colorea las sílabas como se indica.

TO TO TO TO TO TO TO TO
TO TA TA TO TA TO
TU TU TO TU TU TO
TO TO TE TE
TO TE TO TE
TI TI TO
TO TE TE TO
TO TO

74

3. Practica escribir las sílabas.

ta	za
ta	za

te	le

ti	gre

to	ro

tu	cán

ta - te - ti - to - tu

¡VAMOS A PRACTICAR!

ba - be - bi - bo - bu

1. Escribe la sílaba que falta y colorea el dibujo.

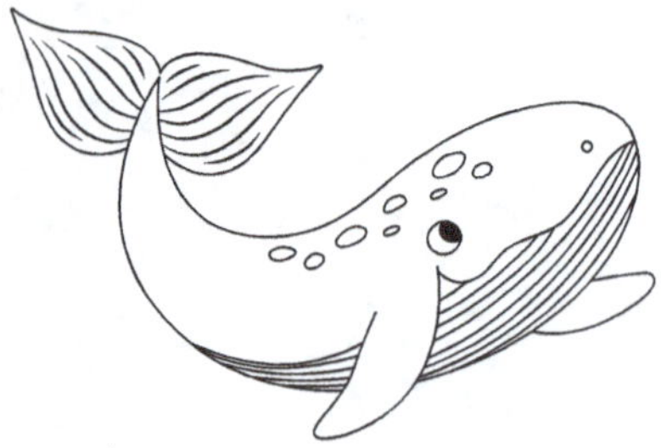 ba llena	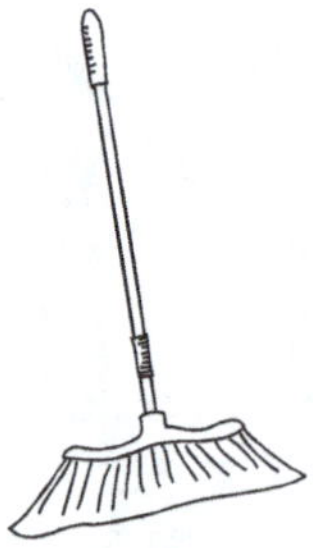 esco _ _	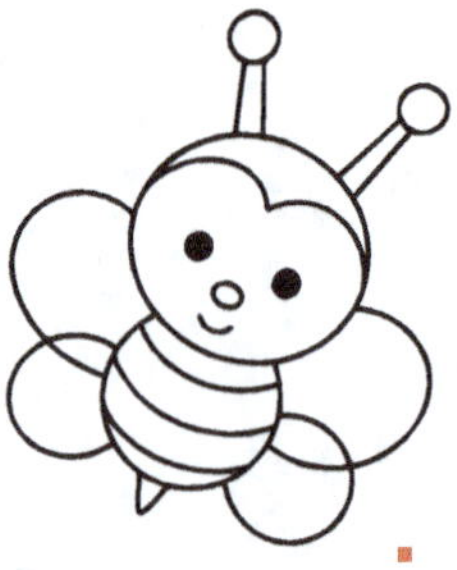 a _ _ ja
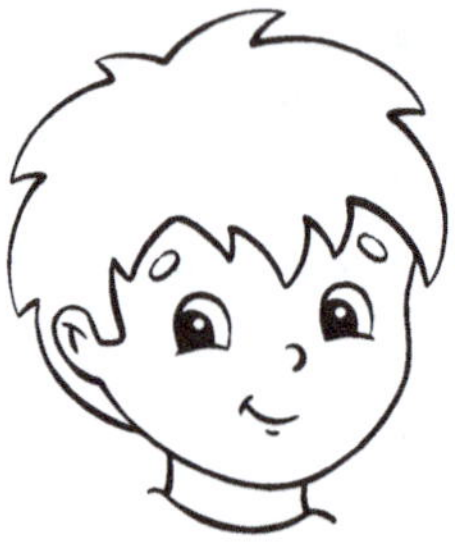 ca _ _ za	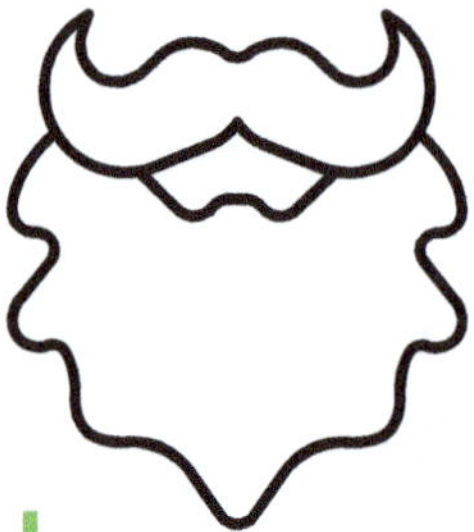 bar _ _	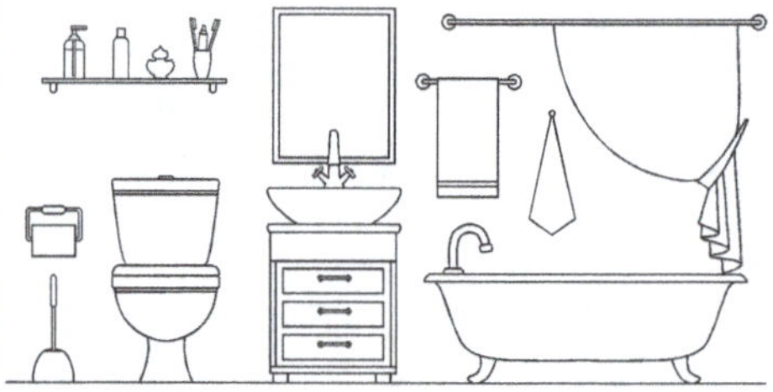 _ _ ño
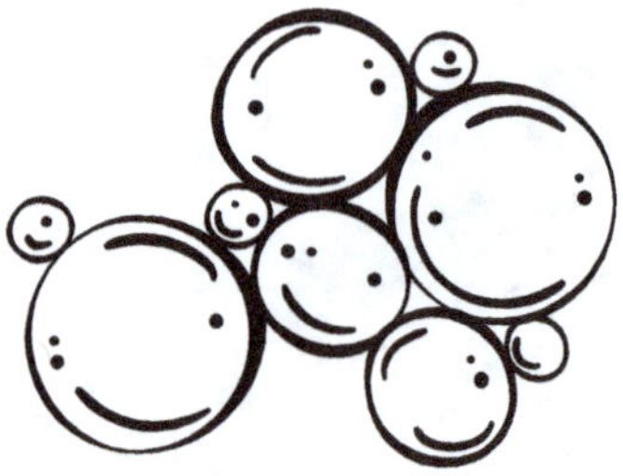 bur _ _ ja	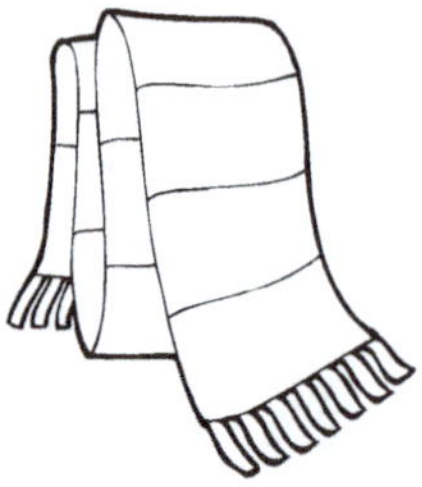 _ _ fanda	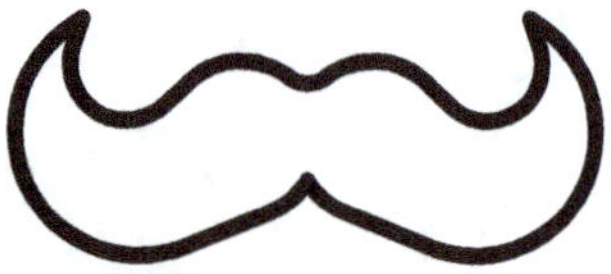 _ _ gote
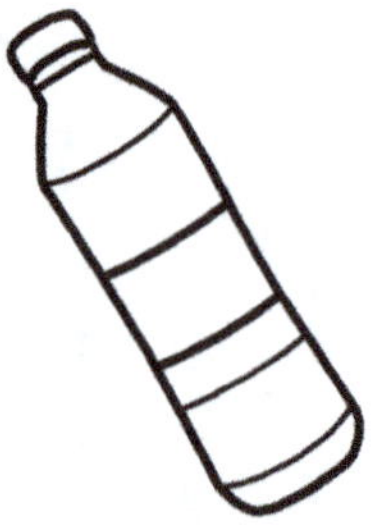 _ _ tella	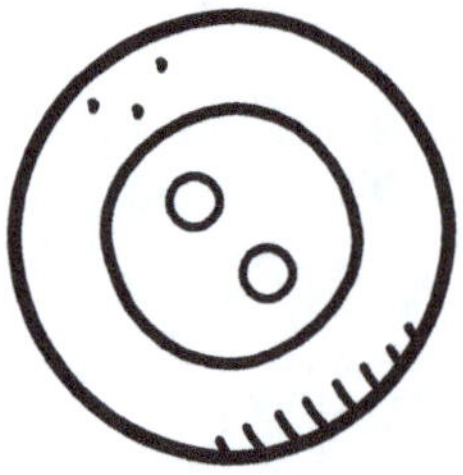 _ _ tón	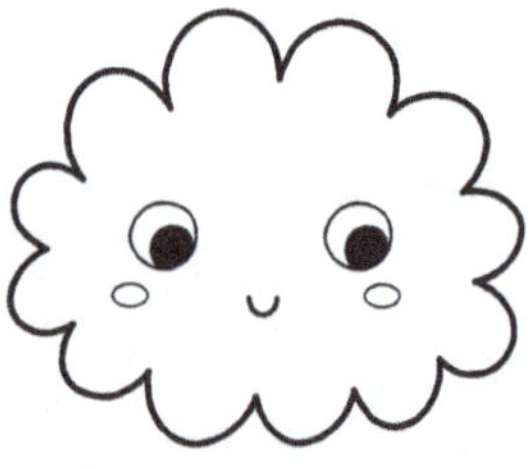 nu _ _

¡VAMOS A PRACTICAR!

da - de - di - do - du

2. Escribe la sílaba que falta y colorea el dibujo.

di nosaurio

hela _ _

empana _ _

espa _ _

bal _ _

bufan _ _

de _ _

duen _ _

dar _ _

comi _ _

escu _ _

_ _ cha

¡VAMOS A PRACTICAR!

fa - fe - fi - fo - fu

3. Escribe la sílaba que falta y colorea el dibujo.

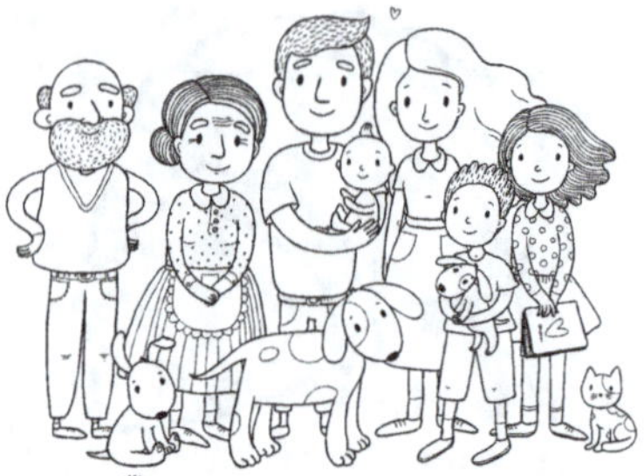 _fa_ milia	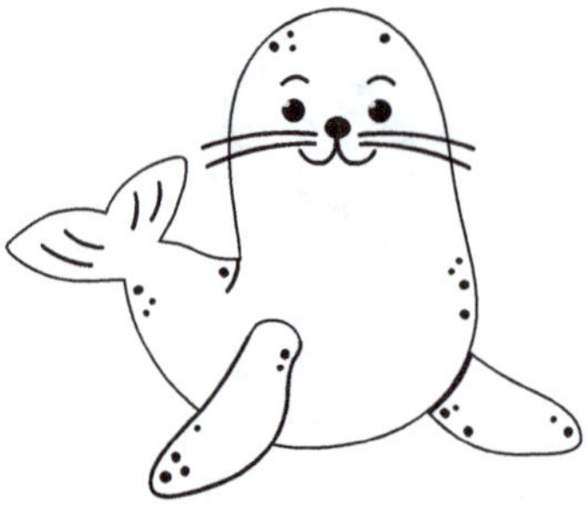 _ _ ca	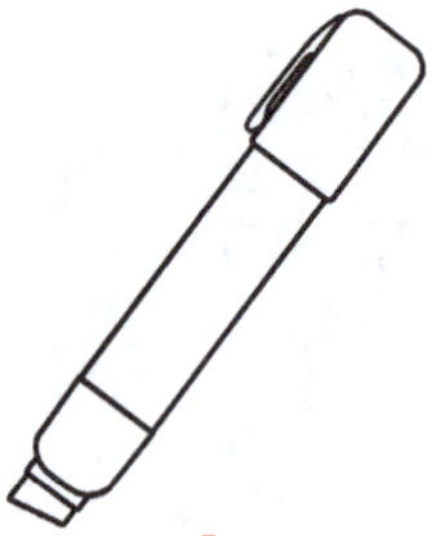 _ _ bra
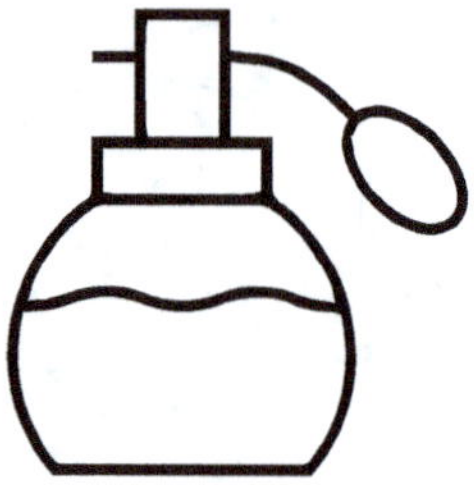 per _ _ me	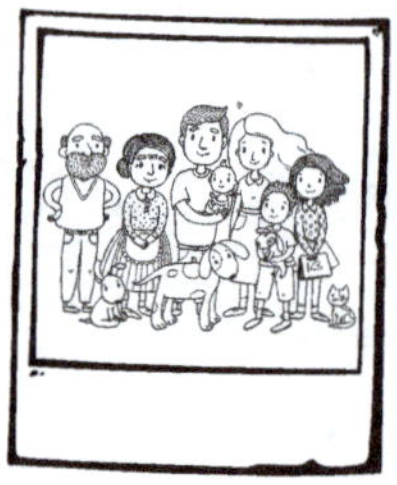 _ _ to	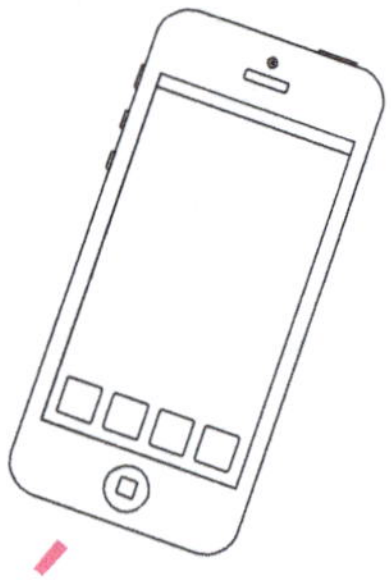 telé _ _ no
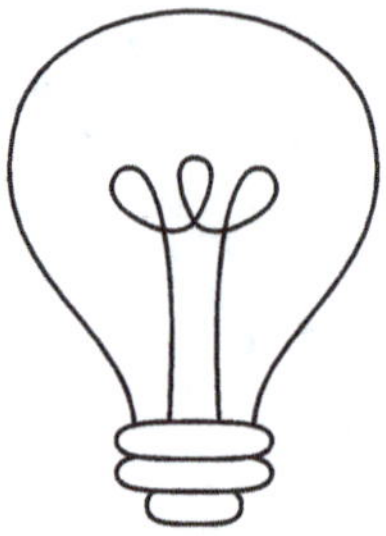 _ _ co	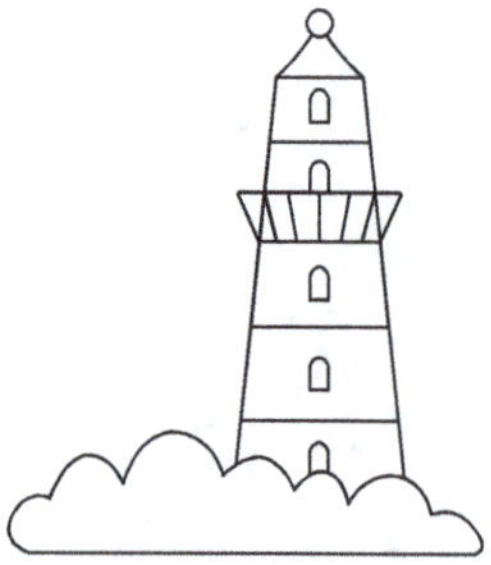 _ _ ro	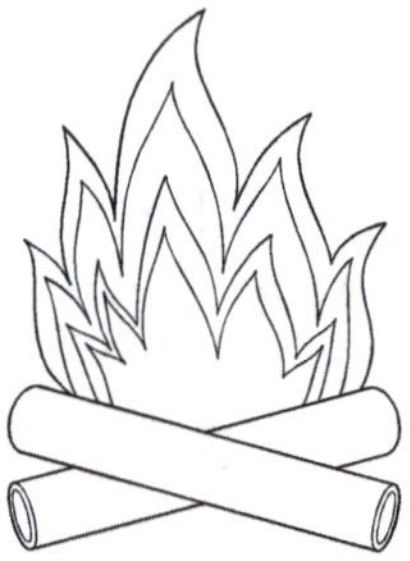 _ _ gata
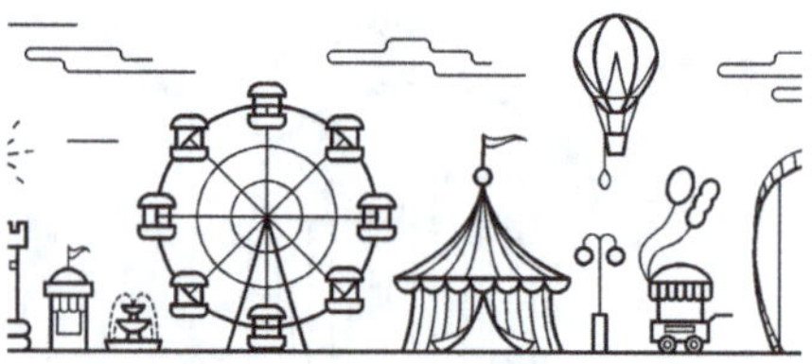 _ _ ria	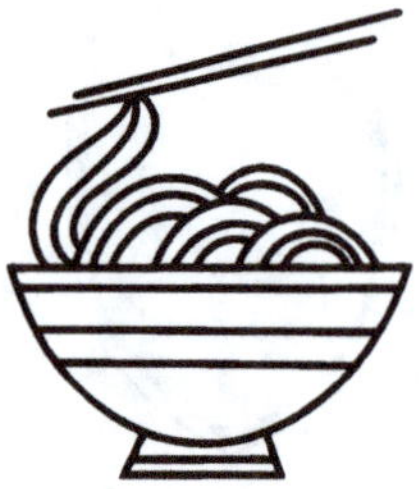 _ _ deos	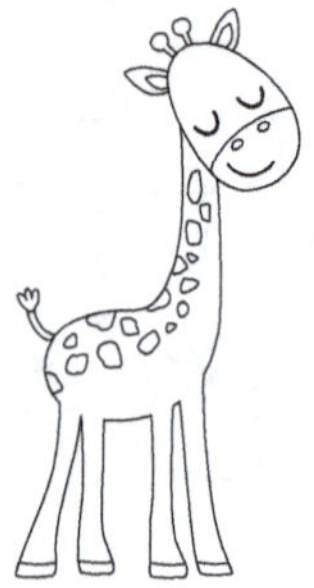 jira _ _

¡VAMOS A PRACTICAR!

la - le - li - lo - lu

4. Escribe la sílaba que falta y colorea el dibujo.

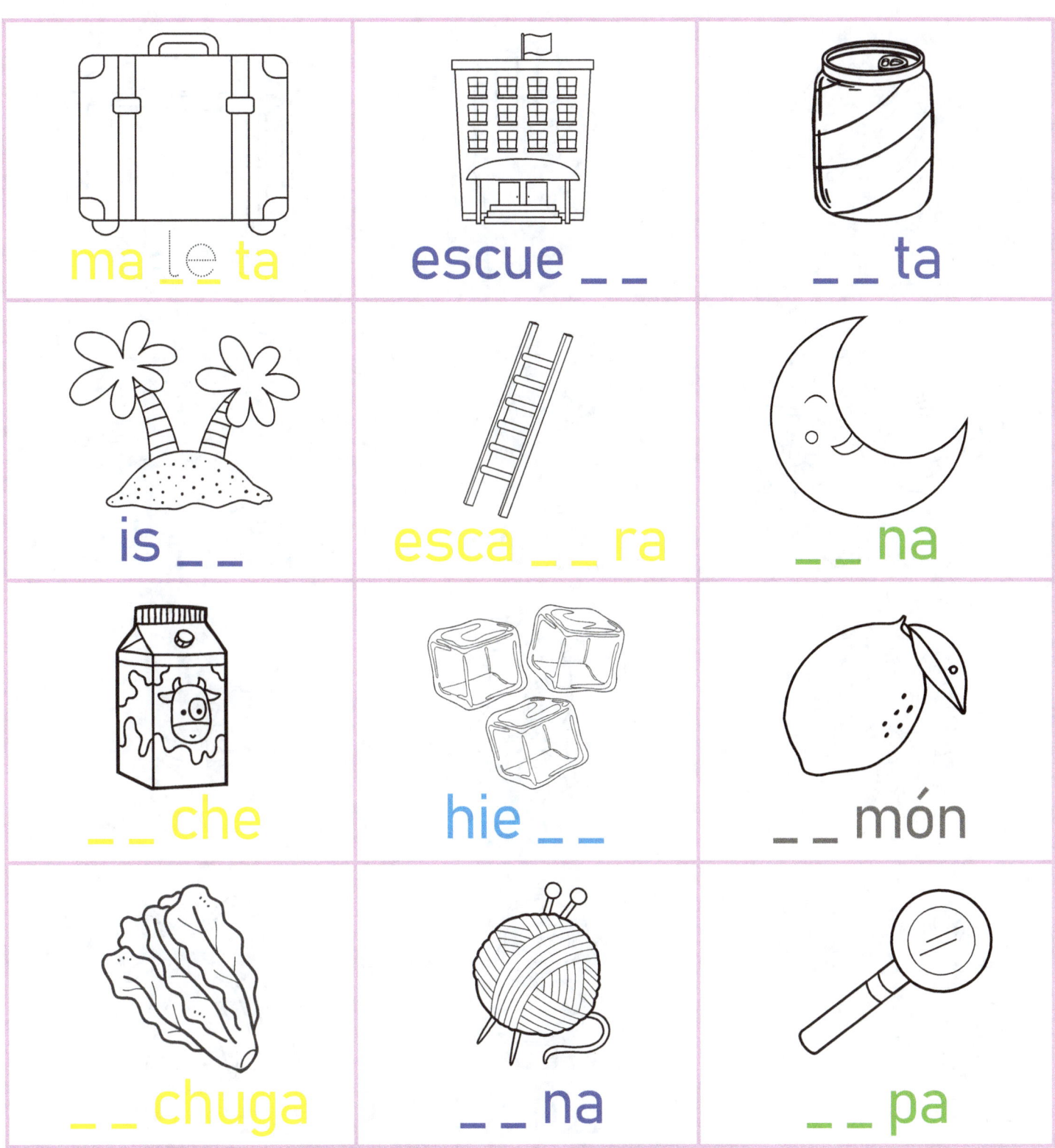

ma _le_ ta

escue _ _

_ _ ta

is _ _

esca _ _ ra

_ _ na

_ _ che

hie _ _

_ _ món

_ _ chuga

_ _ na

_ _ pa

maleta - escuela - lata - isla - escalera - luna
leche - hielo - limón - lechuga - lana - lupa

¡VAMOS A PRACTICAR!

ma - me - mi - mo - mu

5. Escribe la sílaba que falta y colorea el dibujo.

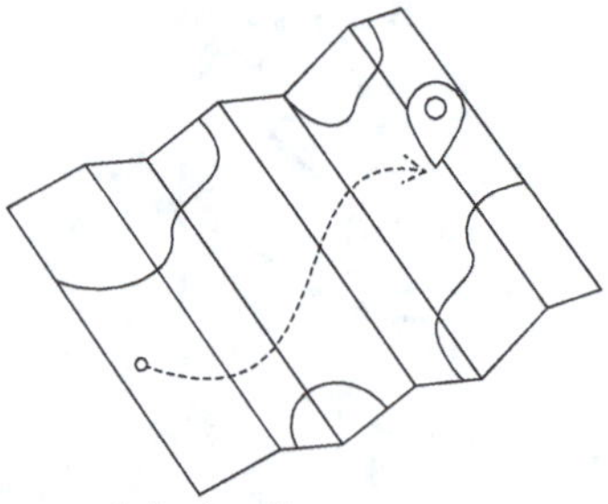

_m_a_ pa	_ _ no	_ _ sa
_ _ to	_ _ go	ca _ _ llo
a _ _ gos	_ _ dias	_ _ mia
co _ _ da	_ _ ñeca	_ _ ño

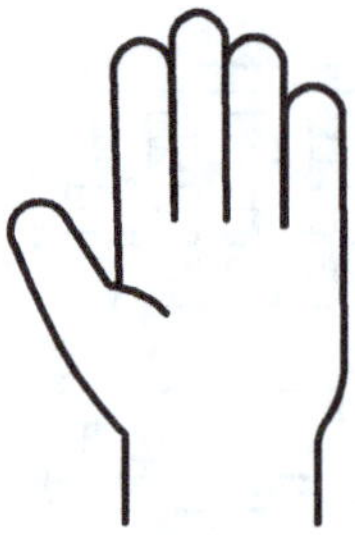

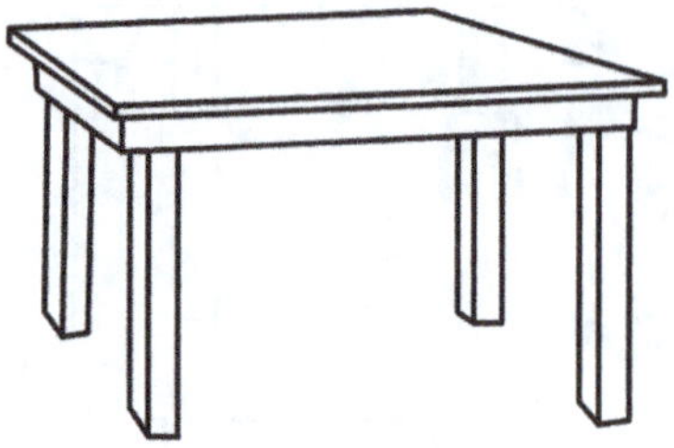

mapa - mano - mesa - moto - mago - camello
amigos - medias - momia - comida - muñeca - moño

¡VAMOS A PRACTICAR!

na - ne - ni - no - nu

6. Escribe la sílaba que falta y colorea el dibujo.

na riz

ma _ _

_ _ be

igua _ _

a _ _ llo

_ _ do

_ _ ve

gusa _ _

_ _ do

_ _ che

_ _ na

rei _ _

¡VAMOS A PRACTICAR!

pa - pe - pi - po - pu

7. Escribe la sílaba que falta y colorea el dibujo.

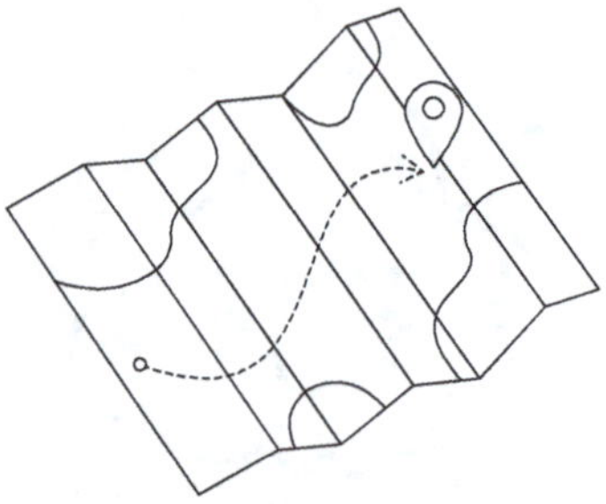

ma pa	al _ _ ca	es _ _ jo
vam _ _ ro	ce _ _ llo	_ _ ré
so _ _	car _ _	trom _ _
_ _ lota	_ _ rro	sa _ _

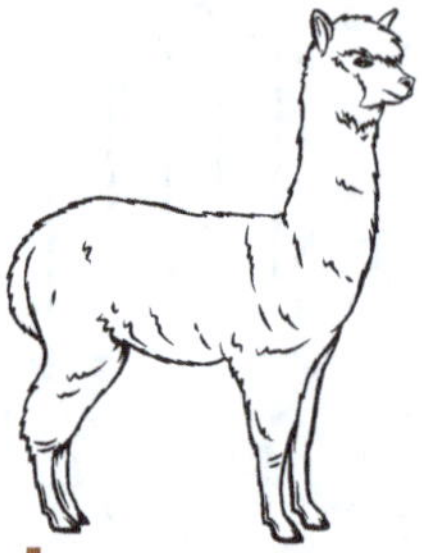

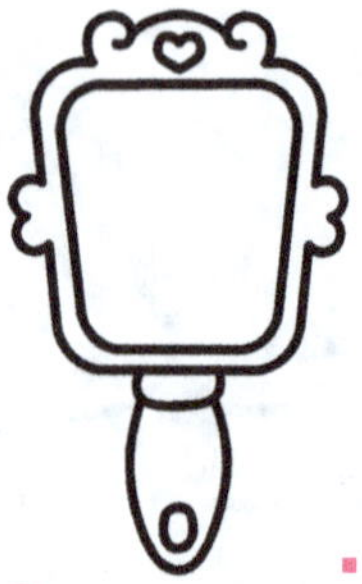

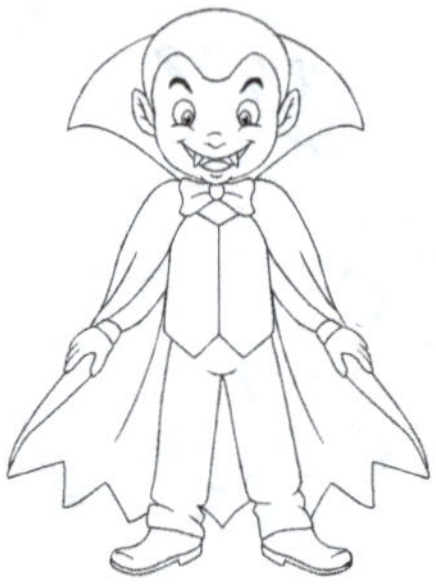

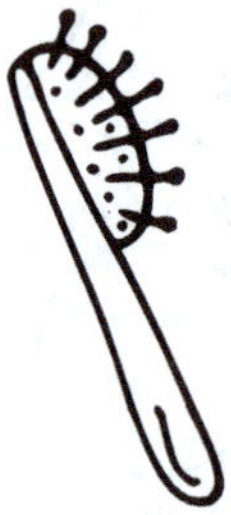

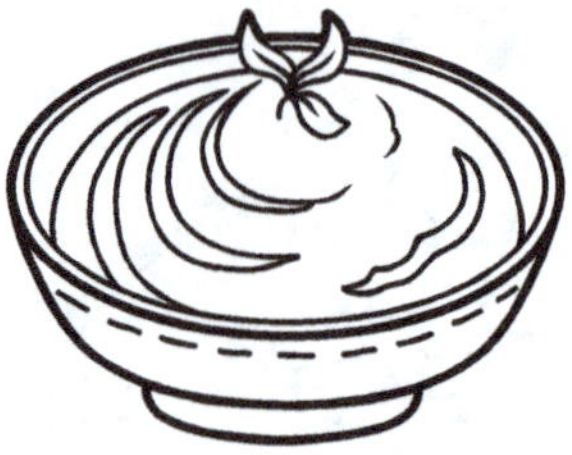

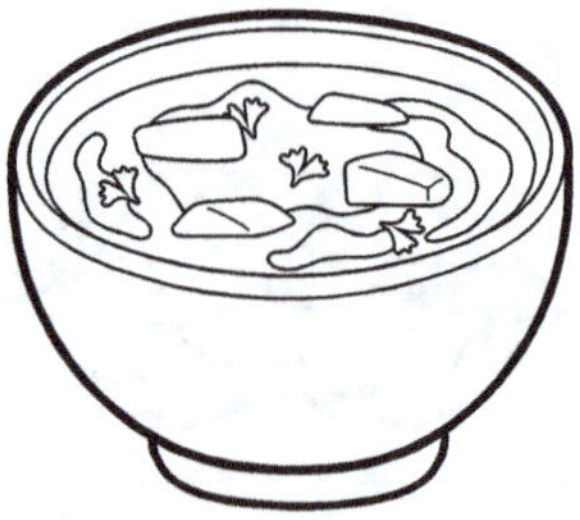

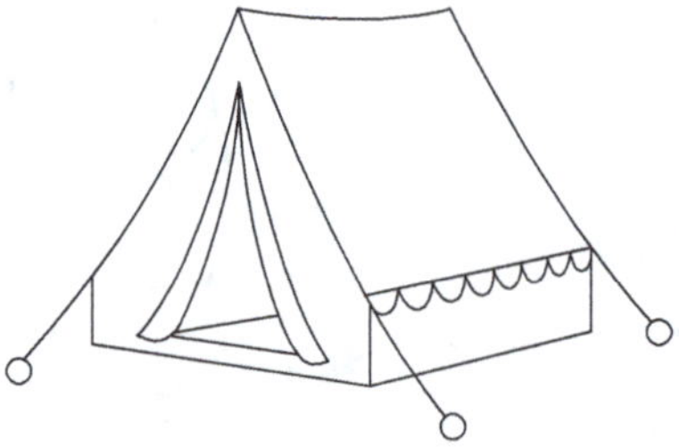

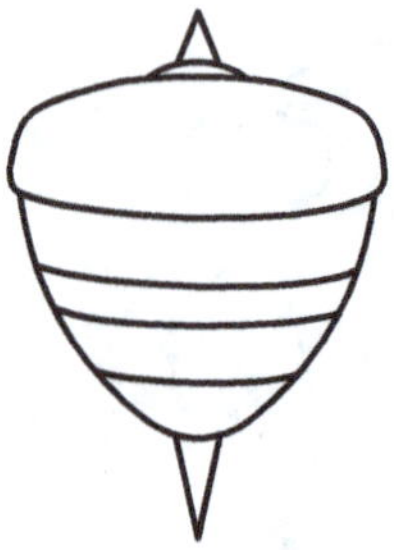

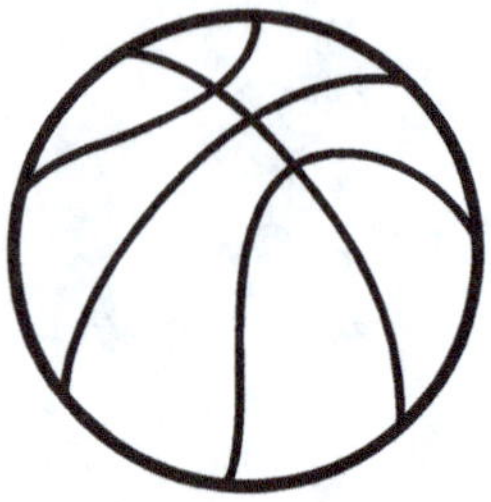

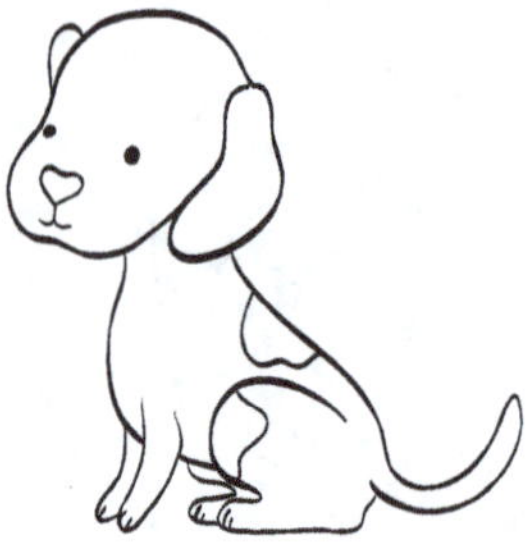

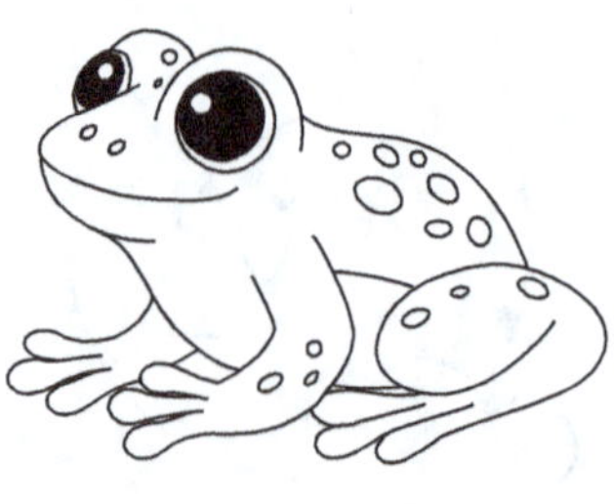

¡VAMOS A PRACTICAR!

ta - te - ti - to - tu

8. Escribe la sílaba que falta y colorea el dibujo.

mon _ta_ ña

piña _ _

galle _ _

mo _ _

au _ _

dien _ _

gela _ _ na

ves _ _ do

bo _ _ lla

go _ _

fuen _ _

_ _ cán

PRACTICAMOS ESCRIBIR

Colorea el dibujo.	Completa la palabra.	Escribe la palabra.
	be **bé**	bebé
	_ _ **do**	
	_ _ **ca**	
	_ _ **món**	
	_ _ **má**	
	_ _ **ne**	

PRACTICAMOS ESCRIBIR

Colorea el dibujo.	Completa la palabra.	Escribe la palabra.
	pa **pá**	papá
	_ _ **za**	
	_ _ **ta**	
	_ _ **no**	
	_ _ **be**	
	_ _ **ra**	

LAS RIMAS

1. Colorea **sólo** los dibujos que riman con la imagen.
   Recuerda encontrar palabras con sonidos similares.

bota	gota	perro	pelota	gato
gallo	caballo	zapallo	helado	tomate
vela	escuela	vaca	taza	abuela
gato	oso	pato	plato	nube

LAS RIMAS

2. Identifica y (encierra) la rima en las siguientes palabras:

casa taza

araña montaña

globo lobo

oruga tortuga

planeta galleta

avión camión

arriba

a	rri	ba

abajo

a	ba	jo

---

1. Une las palabras con el dibujo. ¿El animal está arriba o abajo?

arriba

abajo

ORIENTACIONES ESPACIALES

adelante

a	de	lan	te

atrás

a	trás

---

2. Une las palabras con el dibujo. ¿El animal está adelante o atrás?

adelante

atrás

adentro

a	den	tro

afuera

a	fue	ra

---

3. Une las palabras con el dibujo. ¿El animal está adentro o afuera?

adentro

afuera

¡PRACTICAMOS!

1. Dibuja manzanas rojas 🍎 **adentro** de la canasta y manzanas verdes **afuera** de la canasta.

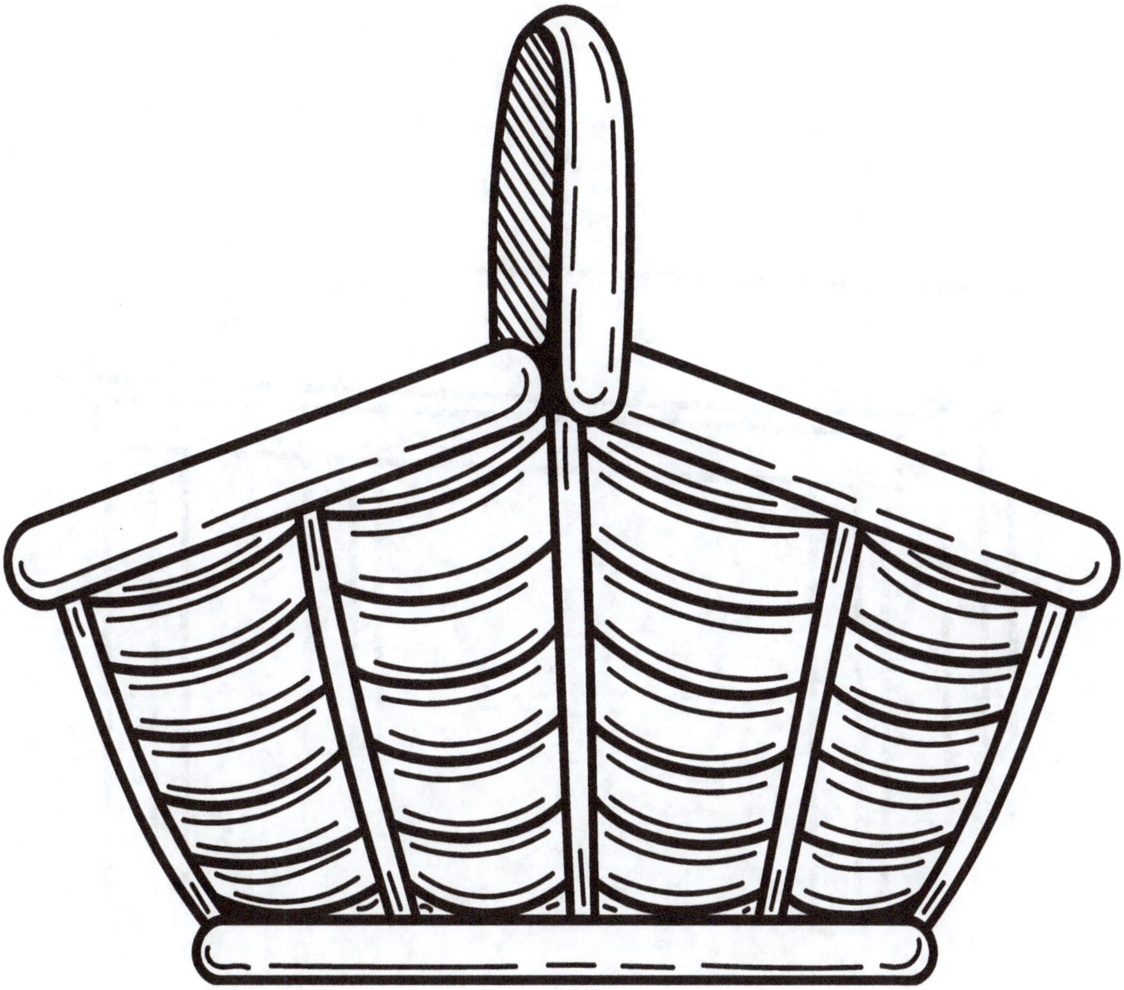

2. Dibuja tazas rojas 🧡 **arriba** de la mesa y tazas azules 💙 **abajo** de la mesa.

¡PRACTICAMOS!

3. Dibuja patitos amarillos 🐤 **adelante** de la maceta y patitos verdes 🐥 **atrás** de la maceta.

ORIENTACIONES ESPACIALES

4. Completa la oración eligiendo la palabra correcta.

1.

El gato está
adelante | atrás
de la silla.

2.

El gato está
arriba | abajo
de la mesa.

3.

El perro está
adentro | afuera
de la casa.

4.

El perro está
arriba | abajo
de la mesa.

5.

La pelota está
adentro | afuera
de la caja.

6.

La pelota está
adelante | atrás
de la caja.

7.

El gato está
adelante | atrás
de la maceta.

8.

El perro está
adelante | atrás
de la caja.

9.

El perro está
arriba | abajo
de la caja.

10.

El gato está
adentro | afuera
de la caja.

11.

El perro está
arriba | abajo
de la mesa.

12.

El perro está
adentro | afuera
de la casa.

arriba	abajo	adelante	atrás	adentro	afuera

5. Completa la oración con la palabra que falta.

 La nena está __adentro__ de la caja.

 La nena está _____ de la caja.

 El nene está _____ de la mesa.

 El nene está _____ de la mesa.

 La pelota está _____ de la caja.

 La pelota está _____ de la caja.

¡A DIBUJAR!

1. Dibuja un **objeto** arriba de la mesa.

2. Dibuja un **objeto** abajo de la mesa.

3. Dibuja una **persona** adelante de la silla.

4. Dibuja una **persona** atrás de la silla.

5. Dibuja un **animal** adentro de la caja.

6. Dibuja un **animal** afuera de la caja.

Aprende
MATEMÁTICAS

con Llama Estra

EL NÚMERO UNO

1. Colorea el número **1**.

2. Encuentra y (encierra) el número **1**.

1	6	9	7	5	1	7	5
2	1	7	8	1	1	4	6
3	5	9	1	2	2	9	1
1	1	2	3	7	1	8	7

3. Practica escribir el número **1**.

1 1 1 1 1 1

4. Practica escribir el número **uno**.

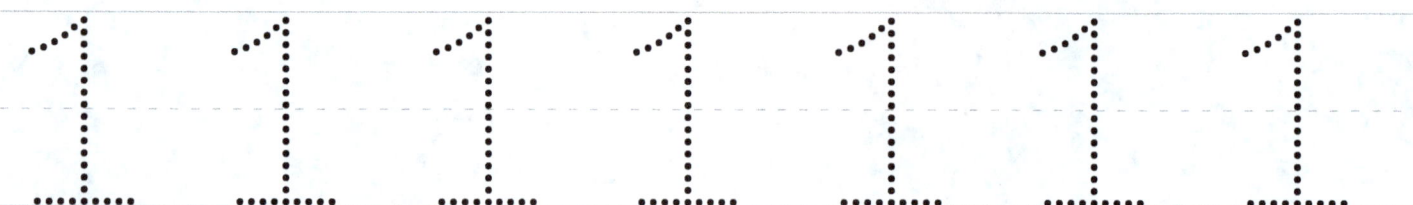

uno uno uno uno

5. Encierra 1 mariquita en cada caja.

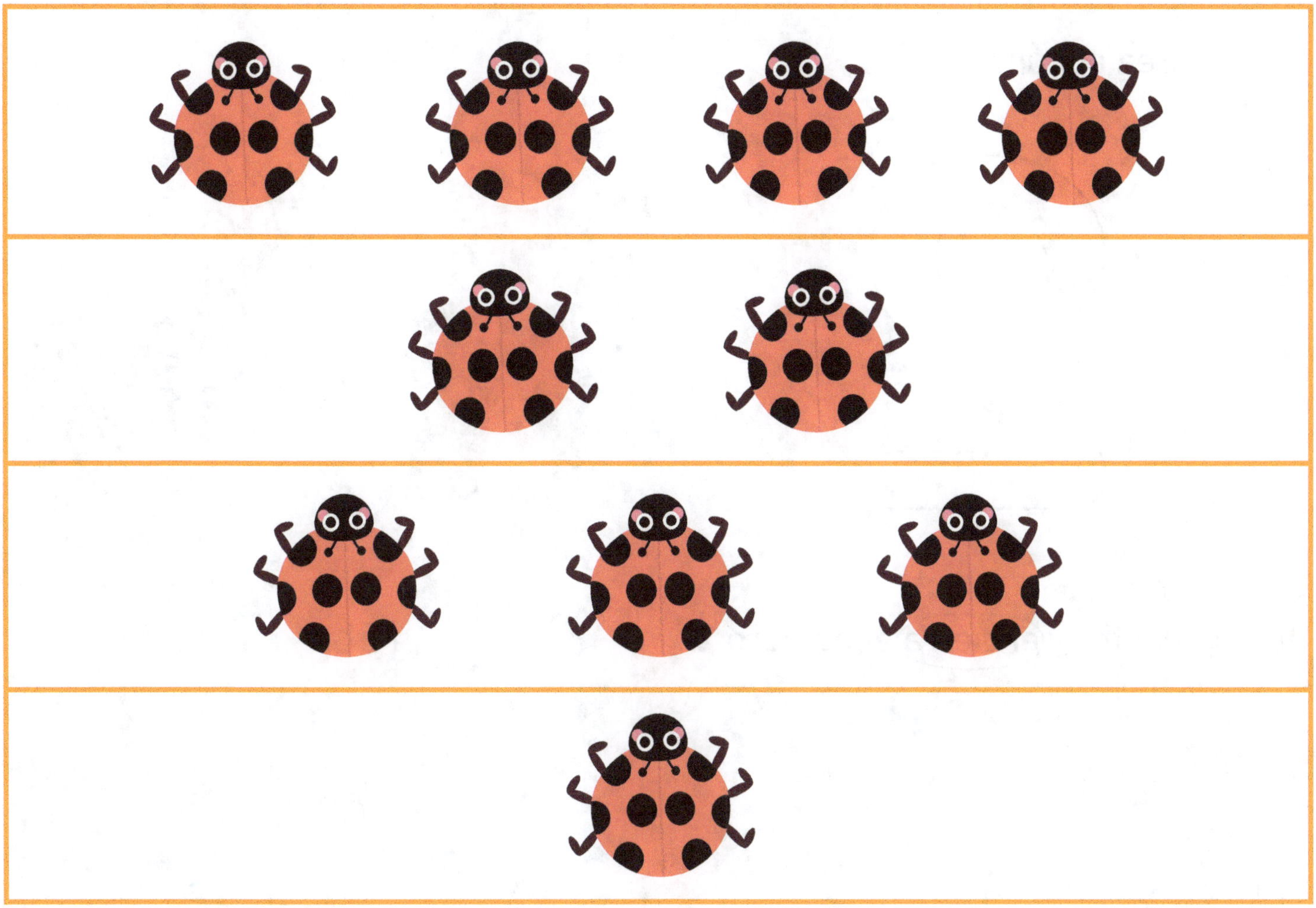

6. Dibuja **1** mariquita.

EL NÚMERO DOS

1. Colorea el número **2.**

2

2. Encuentra y (encierra) el número **2.**

1	6	9	2	5	1	2	5
2	1	7	8	3	1	4	6
3	5	9	1	2	2	9	2
2	1	2	3	7	1	8	7

3. Practica escribir el número **2.**

2 2 2 2 2 2

4. Practica escribir el número **dos**.

dos dos dos dos

5. (Encierra) **2** llamas en cada caja.

6. Dibuja **2** llamas.

EL NÚMERO TRES

1. Colorea el número **3.**

2. Encuentra y (encierra) el número **3.**

1	3	9	2	3	1	2	5
2	1	3	8	3	3	4	3
3	5	9	1	2	2	9	2
2	3	2	3	7	1	3	7

3. Practica escribir el número **3.**

3 3 3 3 3 3 3

4. Practica escribir el número **tres**.

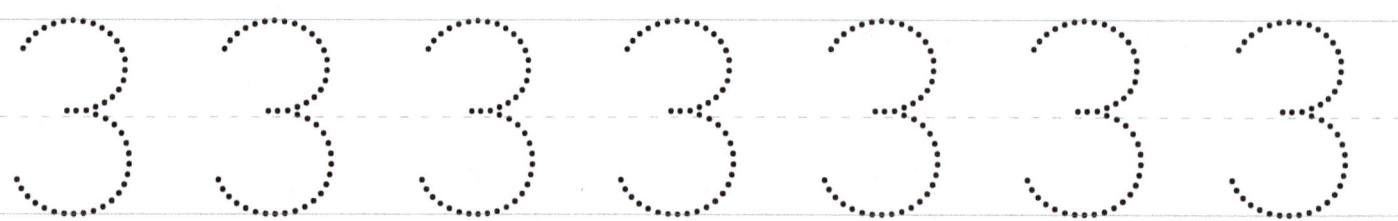

tres tres tres tres

5. (Encierra) **3** soles en cada caja.

6. Dibuja **3** soles.

EL NÚMERO CUATRO

1. Colorea el número **4.**

2. Encuentra y (encierra) el número **4.**

1	3	4	2	3	4	2	4
4	1	3	4	3	3	4	3
3	5	9	4	2	4	9	2
2	4	2	3	7	1	4	7

3. Practica escribir el número **4.**

4 4 4 4 4 4 4

4. Practica escribir el número **cuatro.**

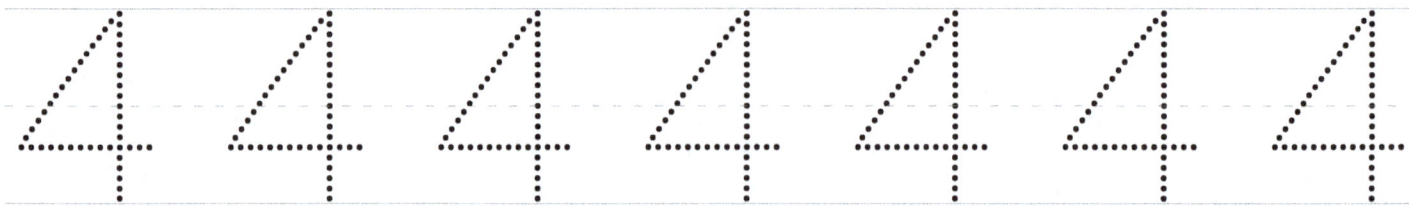

cuatro   cuatro

5. (Encierra) **4** autos en cada caja.

6. Dibuja **4** autos.

EL NÚMERO CINCO

1. Colorea el número **5**.

2. Encuentra y encierra el número **5**.

5	3	5	2	3	1	5	5
2	1	3	5	3	5	5	3
3	5	9	1	2	2	9	2
2	3	5	3	5	1	3	5

3. Practica escribir el número **5**.

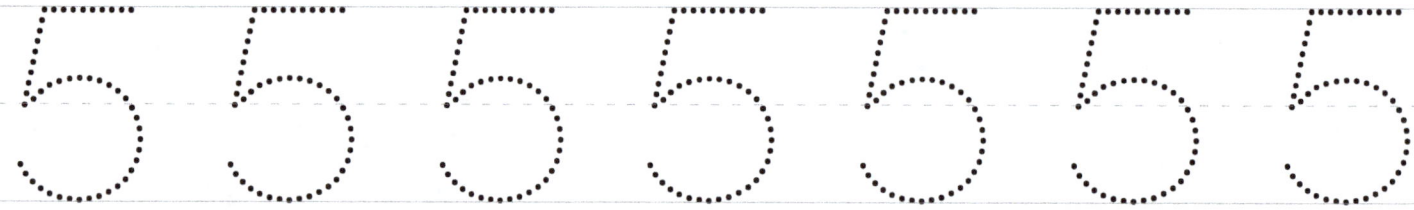

5 5 5 5 5 5 5

4. Practica escribir el número **cinco**.

cinco cinco cinco

5. Encierra **5** mariposas en cada caja.

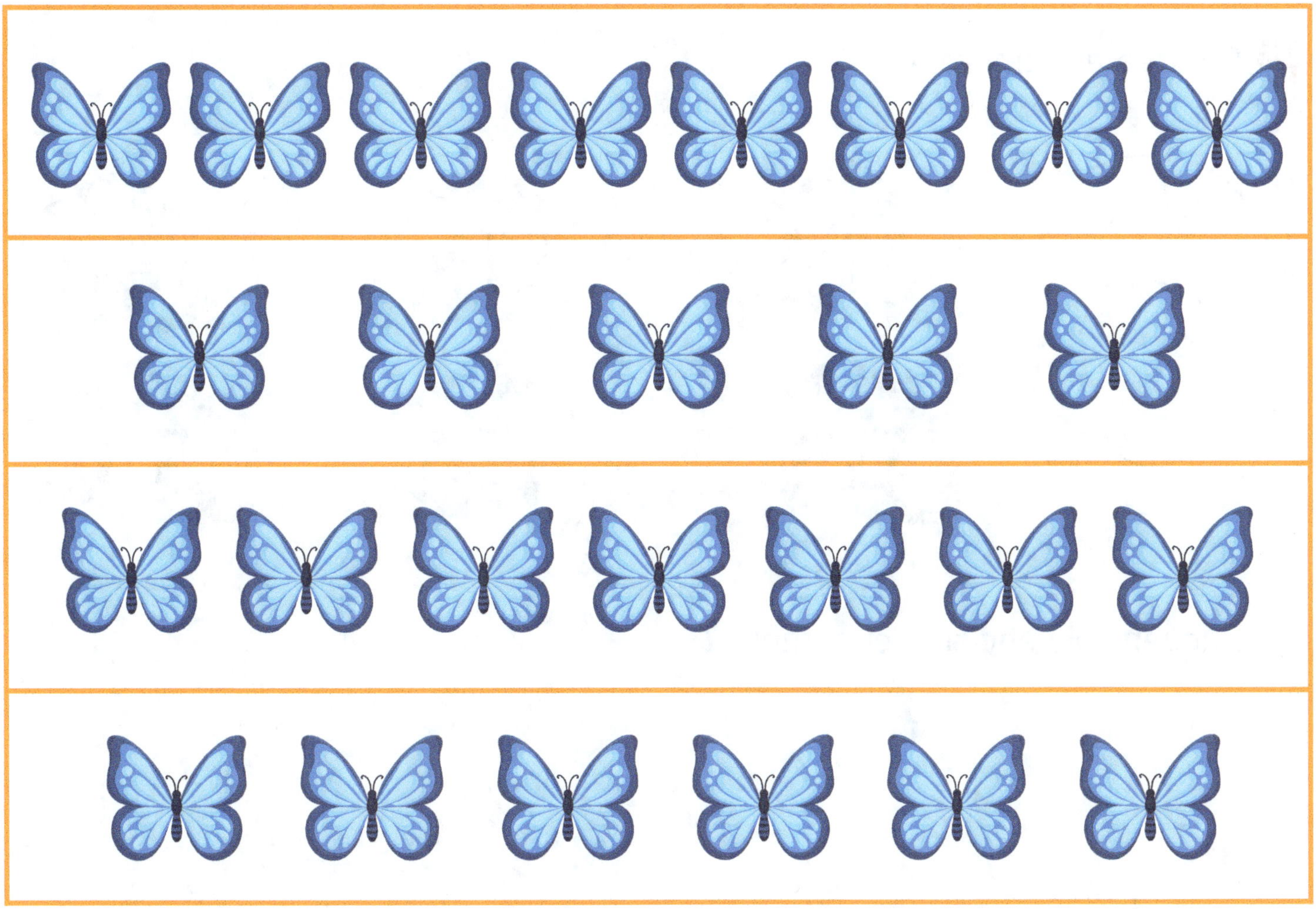

6. Dibuja **5** mariposas.

EL NÚMERO SEIS

1. Colorea el número **6.**

2. Encuentra y encierra el número **6.**

1	6	9	2	6	1	2	5
2	1	3	6	3	3	6	3
6	5	6	1	2	6	9	2
2	6	2	6	7	1	3	6

3. Practica escribir el número **6.**

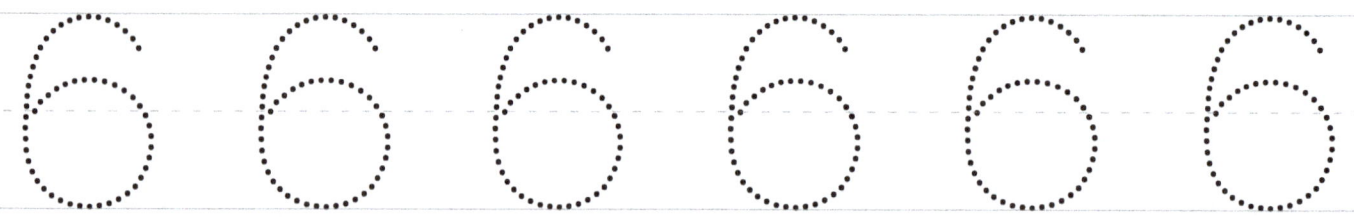

4. Practica escribir el número **seis.**

5. (Encierra) **6** casas en cada caja.

6. Dibuja **6** casas.

EL NÚMERO SIETE

1. Colorea el número **7**.

2. Encuentra y (encierra) el número **7**.

7	3	9	7	3	1	2	7
2	7	3	8	7	3	4	3
7	5	9	7	2	2	7	2
2	7	2	3	7	1	3	7

3. Practica escribir el número **7**.

7 7 7 7 7 7 7

4. Practica escribir el número **siete**.

siete   siete   siete

5. (Encierra) **7** serpientes en cada caja.

6. Dibuja **7** serpientes.

EL NÚMERO OCHO

1. Colorea el número **8**.

2. Encuentra y (encierra) el número **8**.

8	3	8	2	3	1	2	5
2	1	3	8	3	3	8	3
3	8	9	8	2	8	9	2
2	3	8	3	7	1	3	8

3. Practica escribir el número **8**.

8 8 8 8 8 8 8

4. Practica escribir el número **ocho**.

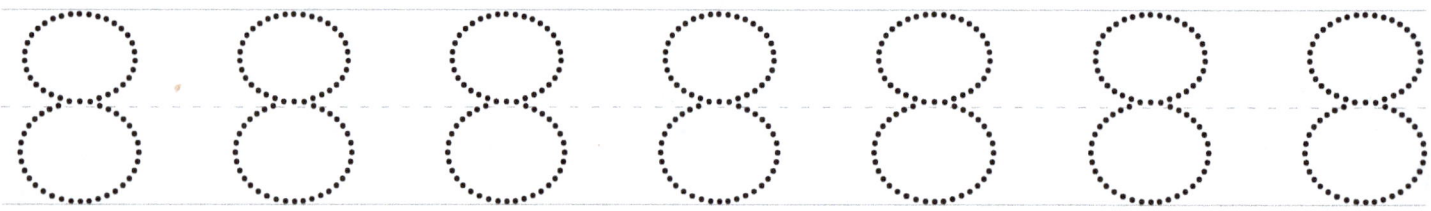

ocho ocho ocho

5. (Encierra) **8** nubes en cada caja.

6. Dibuja **8** nubes.

EL NÚMERO NUEVE

1. Colorea el número **9**.

2. Encuentra y (encierra) el número **9**.

1	3	9	2	3	9	2	9
9	1	3	9	3	3	4	3
3	5	9	1	2	2	9	2
9	3	2	3	9	1	3	9

3. Practica escribir el número **9**.

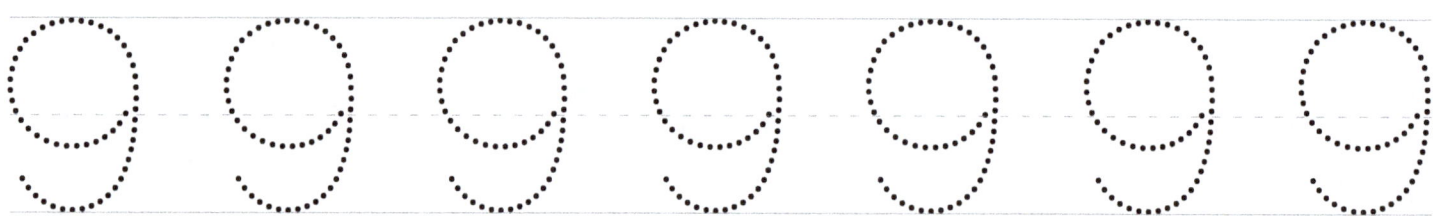

4. Practica escribir el número **nueve**.

nueve   nueve

5. (Encierra) **9** manzanas en cada caja.

6. Dibuja **9** manzanas.

EL NÚMERO DIEZ

1. Colorea el número **10**.

2. Encuentra y (encierra) el número **10**.

10	3	9	2	3	1	10	5
2	12	13	10	3	3	4	10
3	5	9	1	2	10	9	2
10	3	10	3	7	14	3	10

3. Practica escribir el número **10**.

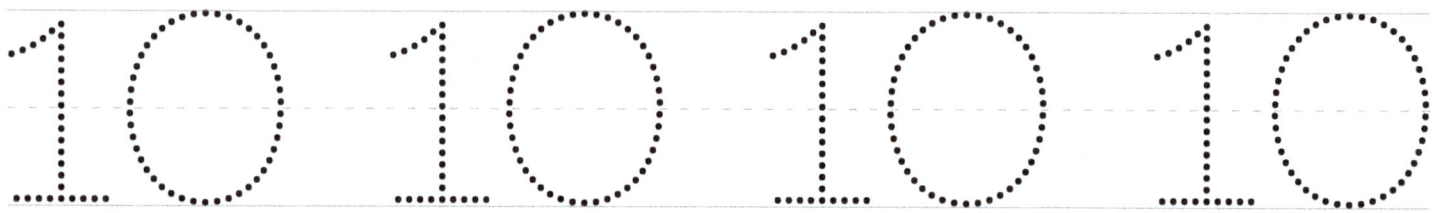

4. Practica escribir el número **diez**.

5. Encierra **10** pelotas en cada caja.

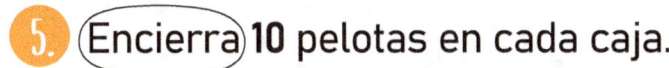

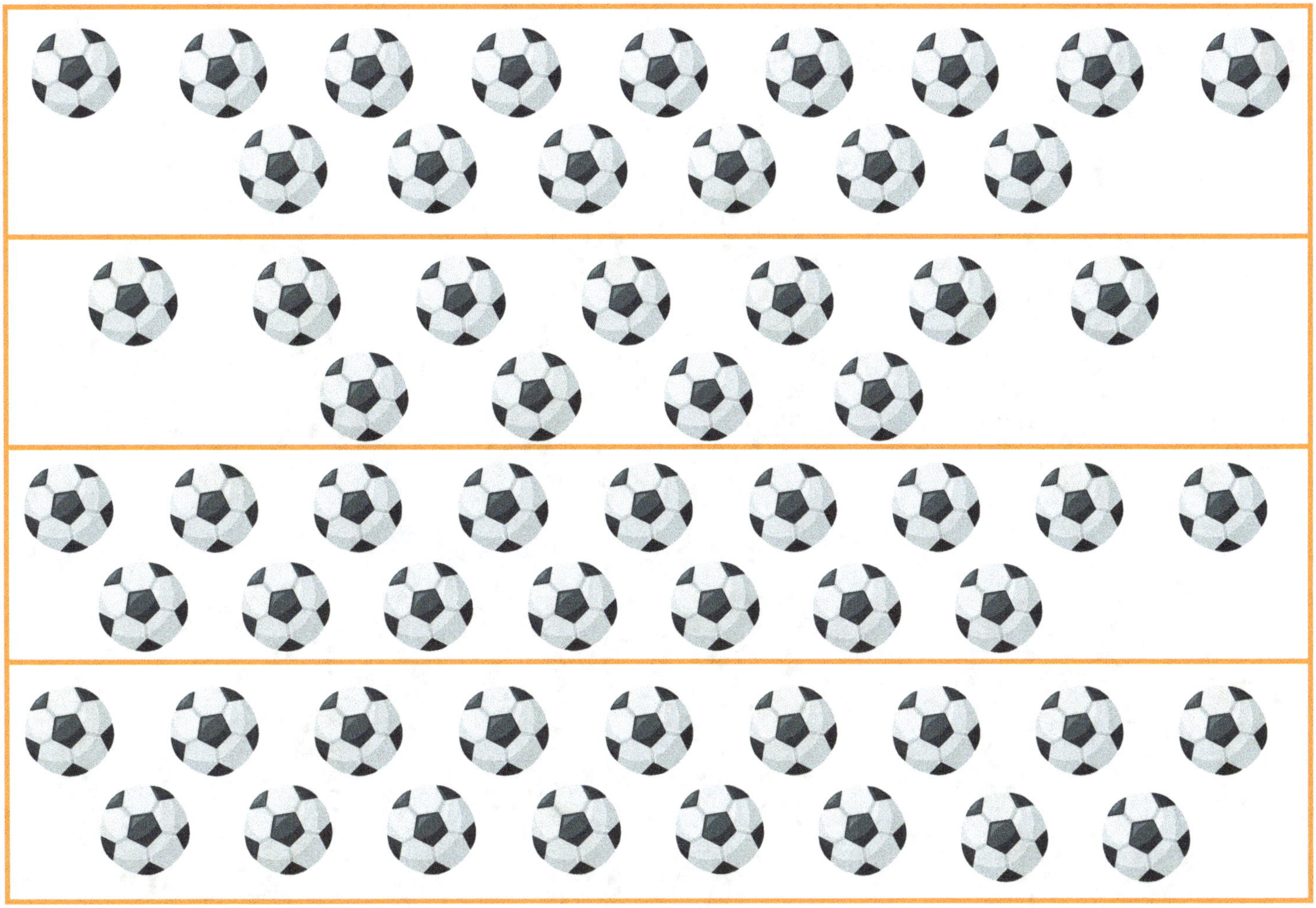

6. Dibuja **10** pelotas.

¡VAMOS A CONTAR!

1. Practica escribir los números.

2. Colorea los cuadrados que representan el número indicado.

3

7

4

10

2

6

3. Elige un número y colorea los cuadrados que representan el número que elegiste.

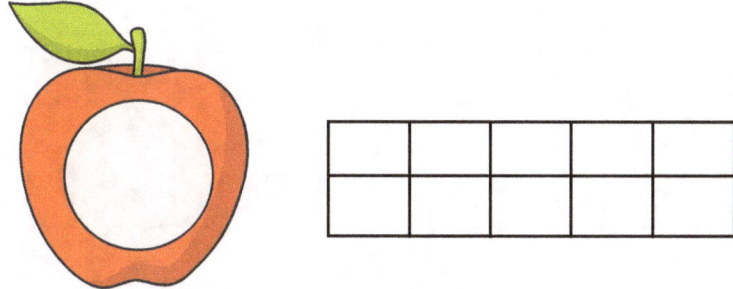

¡VAMOS A CONTAR!

4. Escribe el número que falta.

1   2   ◯   4

5   ◯   7   ◯

9   10

5. Escribe los números del 1 al 10.

1									10

¡VAMOS A CONTAR!

6. Escribe el número que falta.

7. Escribe los números del 1 al 10.

¡VAMOS A CONTAR!

8. Cuenta cuántos dedos tienes.

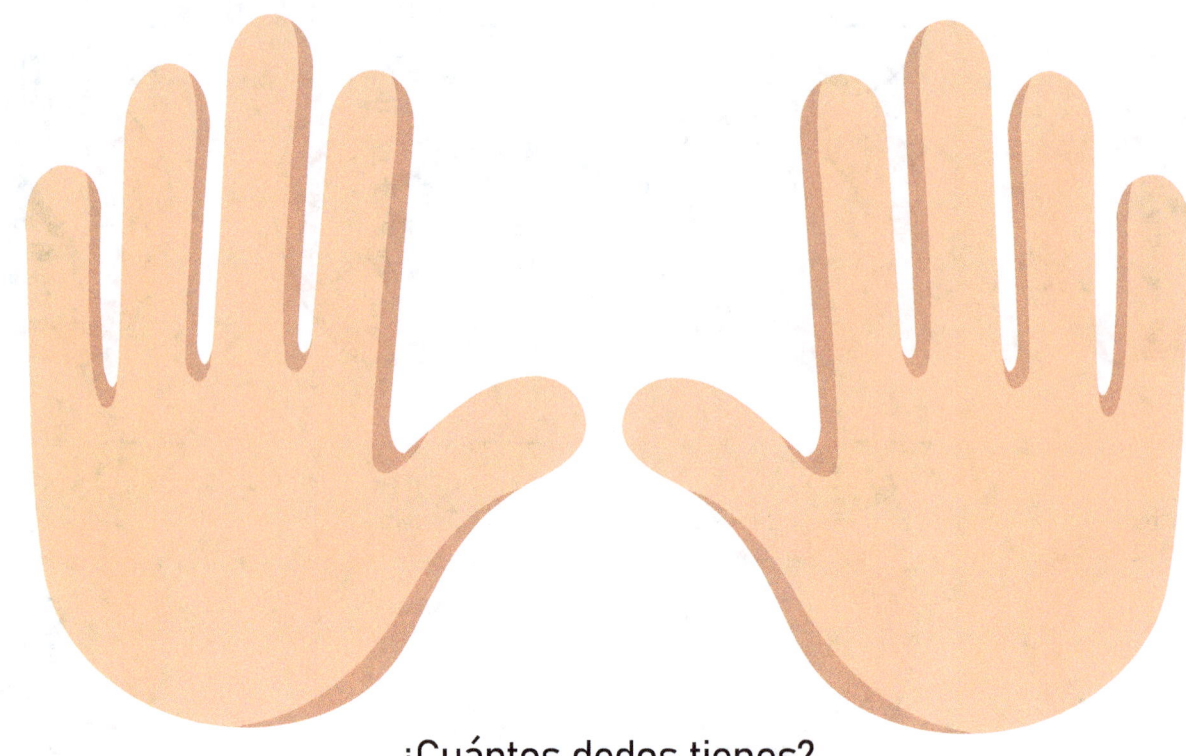

¿Cuántos dedos tienes?

Yo tengo _ _ _ dedos.

9. Cuenta del 1 al 10.

¡VAMOS A CONTAR!

10. Une el número con la palabra.

1	cuatro	6	diez
2	uno	7	ocho
3	cinco	8	seis
4	dos	9	siete
5	tres	10	nueve

11. ¿Cuántos años tienes?

Escribe el número _ _ _ _

Escribe la palabra _ _ _ _ _ _ _ _ _ _

EL COCODRILO QUE COME

1. Dibuja la boca del cocodrilo comiendo el bocado más grande.

EL COCODRILO QUE COME

2. Dibuja la boca del cocodrilo comiendo el número más grande.

4	<	5
10	_____	1
9	_____	8
7	_____	3
5	_____	2
4	_____	6

COMPARAR NÚMEROS

1. Cuenta cada objeto y colorea el grupo de objetos que tiene más.

Hay _6_ casas.

Hay _3_ flores.

Hay ____ gatos.

Hay ____ perros.

Hay ____ sandías.

Hay ____ manzanas.

Hay ____ donas.

Hay ____ empanadas.

Hay ____ autos.

Hay ____ motos.

LA SUMA

2. Cuenta y dibuja cuántos objetos hay en total:

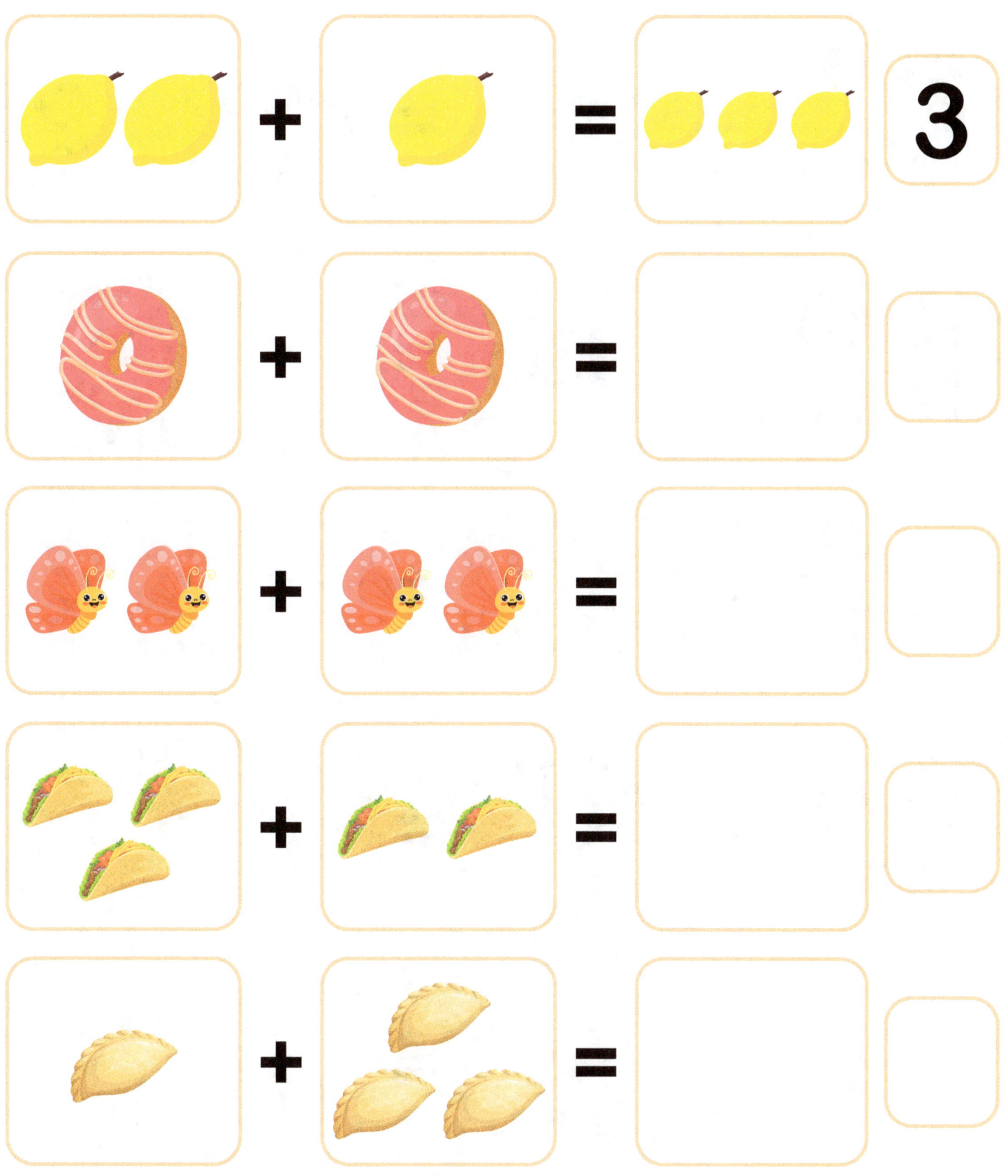

LA RESTA

3. Calcula y dibuja cuántos objetos quedan:

🥦🥦🥦	− 🥦	= 🥦🥦	**2**
🚗🚗🚗🚗	− 🚗	=	
🧱🧱🧱🧱🧱	− 🧱🧱🧱🧱	=	
🧸🧸🧸	− 🧸🧸🧸	=	
🧍🧍	− 🧍	=	

LOS NÚMEROS DEL 1 AL 20

1 uno	2 dos	3 tres	4 cuatro
5 cinco	6 seis	7 siete	8 ocho
9 nueve	10 diez	11 once	12 doce
13 trece	14 catorce	15 quince	16 dieciseis
17 diecisiete	18 dieciocho	19 diecinueve	20 veinte

OPUESTOS

 **largo** ≠  **corto**

1. Colorea el gusano largo:

2. Colorea el gusano corto:

3. Colorea de color rosa el objeto largo y de color naranja el objeto corto de cada grupo.

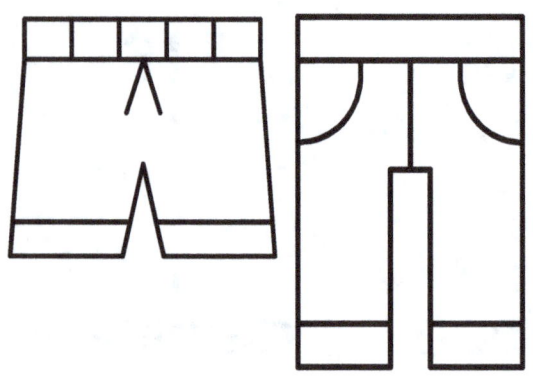

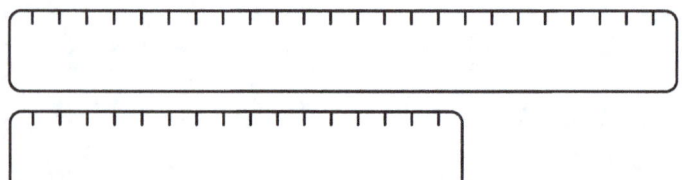

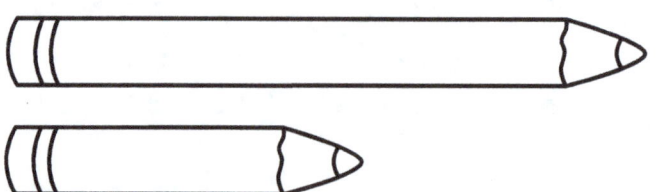

OPUESTOS

grande ≠ chico

1. Colorea el perro grande:

2. Colorea el perro chico:

3. Colorea de color **verde** el objeto grande
y de color **violeta** el objeto chico de cada grupo.

OPUESTOS

 lleno  ≠  vacío

1. Colorea el cofre lleno:

2. Colorea el cofre vacío:

3. Colorea de color **marrón** el objeto lleno
y de color **celeste** el objeto vacío de cada grupo.

OPUESTOS

pesado ≠ liviano

1. Colorea el avión pesado:

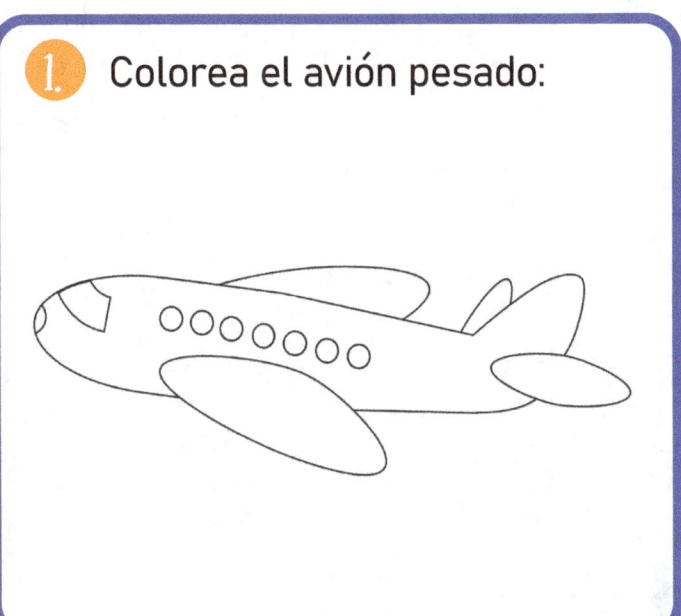

2. Colorea el avión liviano:

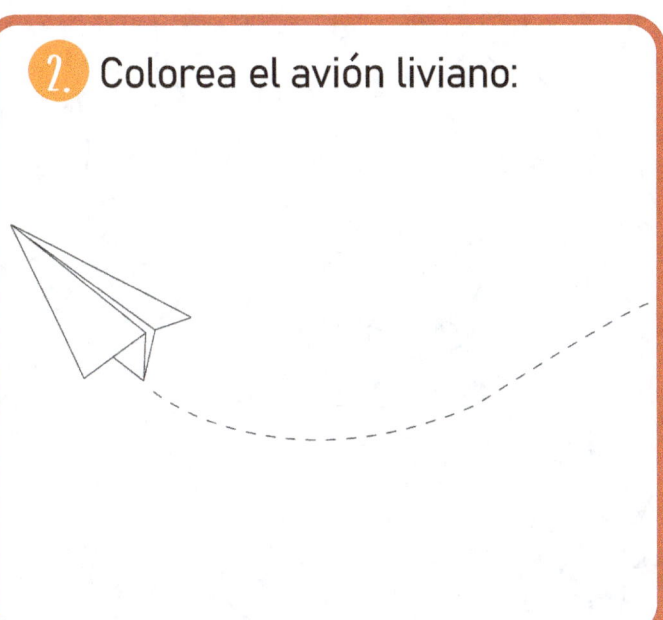

3. Colorea de color **azul** el objeto pesado
y de color **rojo** el objeto liviano de cada grupo.

AGRUPAR OBJETOS

1. Colorea las comidas de color **azul**, los animales de color **verde** y la ropa de color **rosa**.

2. ¿Cuántos objetos hay en el grupo de comida? ☐

¿Cuántos objetos hay en el grupo de animales? ☐

¿Cuántos objetos hay en el grupo de ropa? ☐

134

LAS COMIDAS: AGRUPAR

1. Colorea las comidas saludables de color **verde** y las comidas no saludables de color **rojo**.

2. ¿Cuántas comidas saludables hay?

¿Cuántas comidas no saludables hay?

PATRONES Y SECUENCIAS

1. Completa el patrón que sigue.

1.

2.

3.

4.

Tengo hambre.

Tengo sed.

2. Colorea el gusanito siguiendo el patrón.

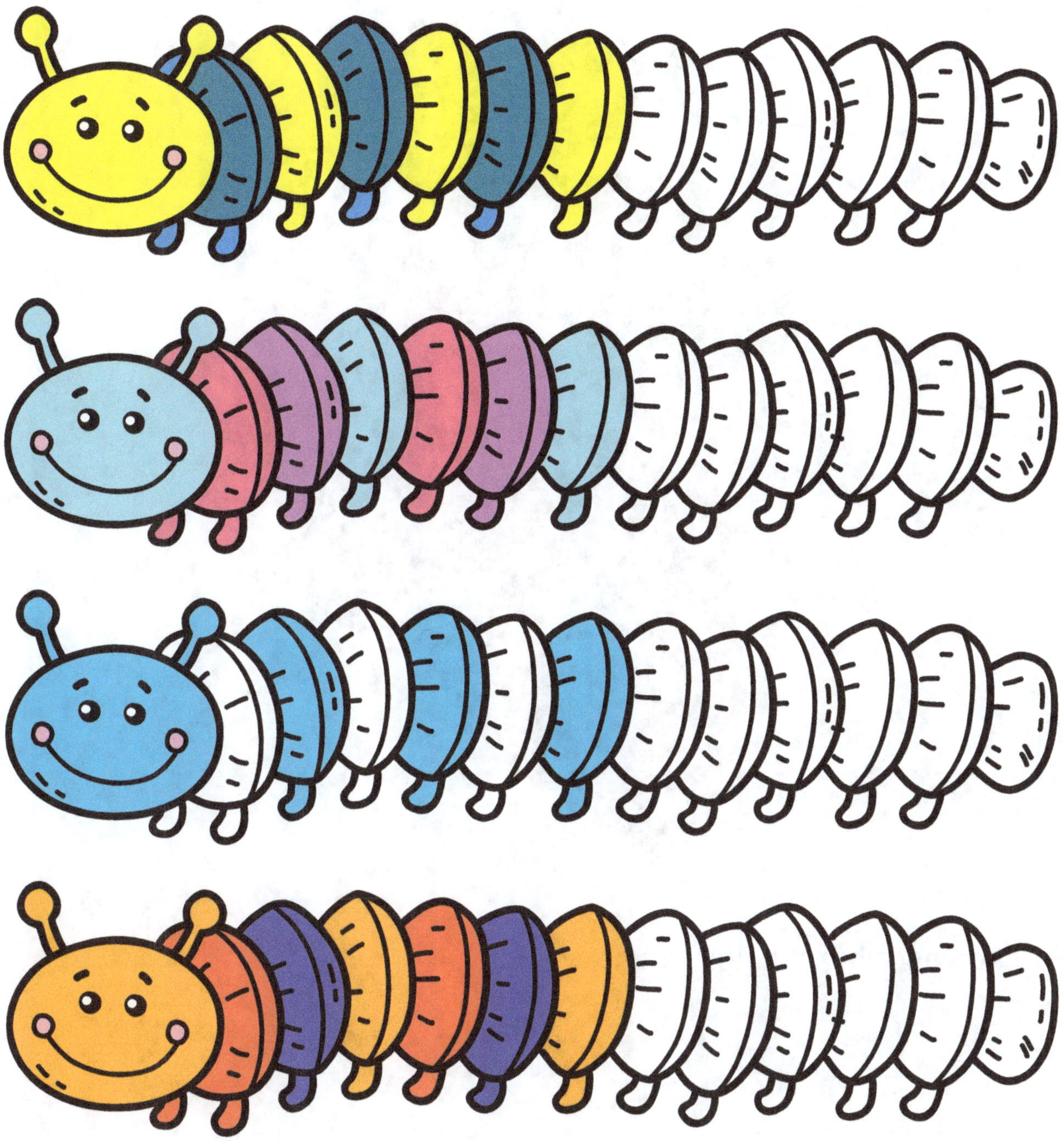

3. Haz tu propio patrón.

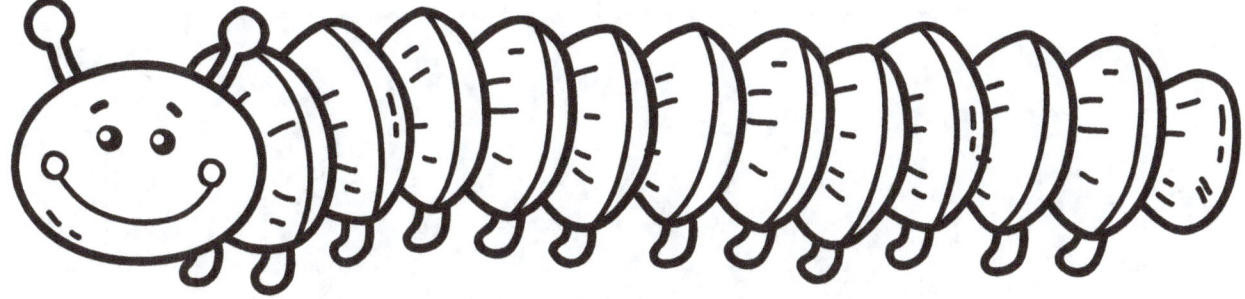

EL COLOR VIOLETA

1. Practica escribir el color violeta.

violeta   violeta

violeta   violeta

2. Colorea los dibujos de color **violeta**.

3. ¿Cuántas cosas hay de color **violeta**?

Hay _ _ _ cosas de color **violeta**.

EL COLOR AZUL

1. Practica escribir el color azul.

azul   azul   azul

azul   azul   azul

2. Colorea los dibujos de color **azul**.

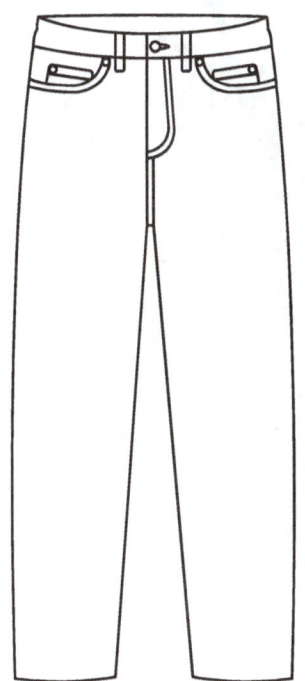

3. ¿Cuántas cosas hay de color **azul**?

Hay _ _ _ cosas de color **azul**.

EL COLOR CELESTE

1. Practica escribir el color celeste.

celeste   celeste

celeste   celeste

2. Colorea los dibujos de color **celeste**.

---

3. ¿Cuántas cosas hay de color **celeste**?

Hay _ _ _ cosas de color **celeste**.

EL COLOR VERDE

---

1. Practica escribir el color verde.

verde   verde

verde   verde

2. Colorea los dibujos de color **verde**.

3. ¿Cuántas cosas hay de color **verde**?

Hay _ _ _ cosas de color **verde**.

EL COLOR AMARILLO

1. Practica escribir el color amarillo.

amarillo amarillo

amarillo amarillo

2. Colorea los dibujos de color amarillo.

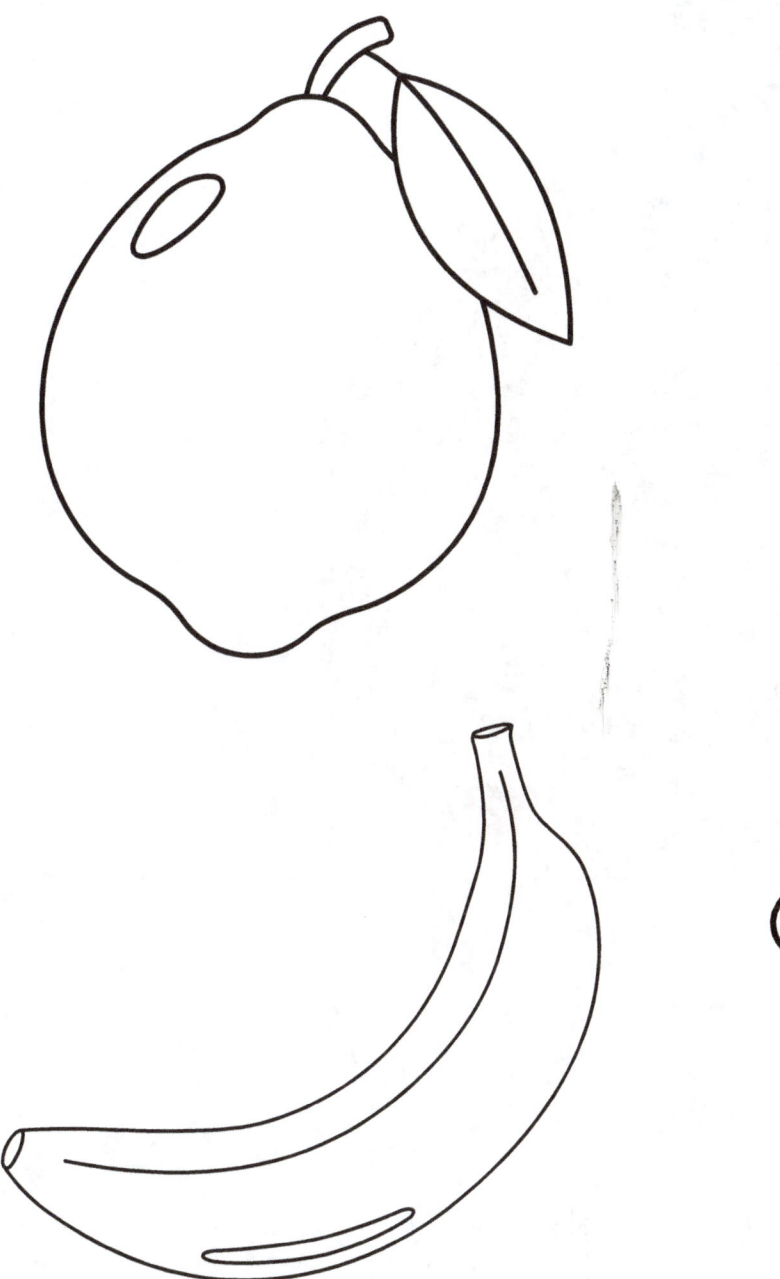

3. ¿Cuántas cosas hay de color amarillo?

Hay _ _ _ cosas de color amarillo.

EL COLOR NARANJA

1. Practica escribir el color naranja.

naranja naranja

naranja naranja

Colorea los dibujos de color naranja.

3. ¿Cuántas cosas hay de color naranja?

Hay _ _ _ cosas de color naranja.

EL COLOR ROJO

1. Practica escribir el color rojo.

rojo   rojo   rojo

rojo   rojo   rojo

2. Colorea los dibujos de color **rojo**.

3. ¿Cuántas cosas hay de color **rojo**?

Hay _ _ _ cosas de color **rojo**.

EL COLOR ROSA

1. Practica escribir el color **rosa**.

rosa   rosa   rosa

rosa   rosa   rosa

2. Colorea los dibujos de color **rosa**.

3. ¿Cuántas cosas hay de color **rosa**?

Hay _ _ _ cosas de color **rosa**.

EL COLOR BLANCO

1. Practica escribir el color blanco.

blanco   blanco

blanco   blanco

2. Colorea los dibujos de color **blanco**.

3. ¿Cuántas cosas hay de color **blanco**?

Hay _ _ _ cosas de color blanco.

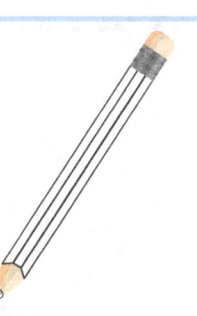

EL COLOR **NEGRO**

1. Practica escribir el color **negro**.

negro   negro

negro   negro

2. Colorea los dibujos de color **negro.**

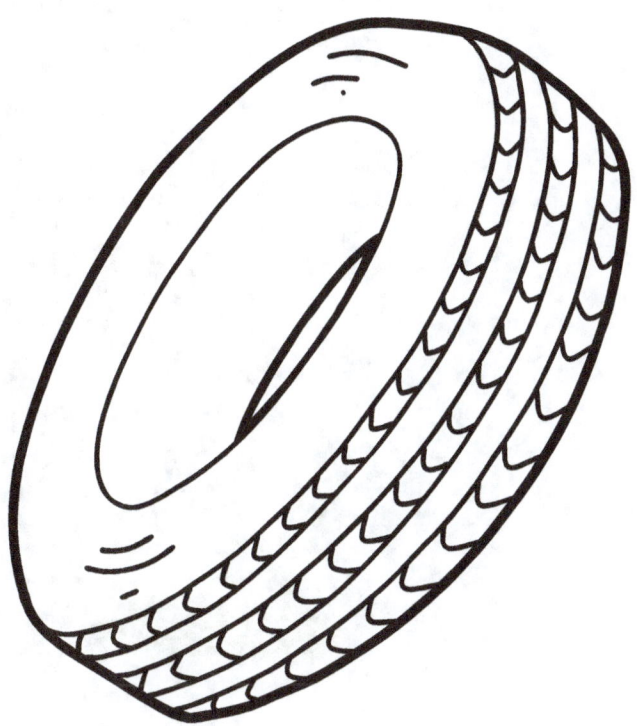

3. ¿Cuántas cosas hay de color **negro?**

Hay _ _ _ cosas de color **negro.**

EL COLOR MARRÓN

1. Practica escribir el color **marrón**.

marrón   marrón

marrón   marrón

2. Colorea los dibujos de color **marrón**.

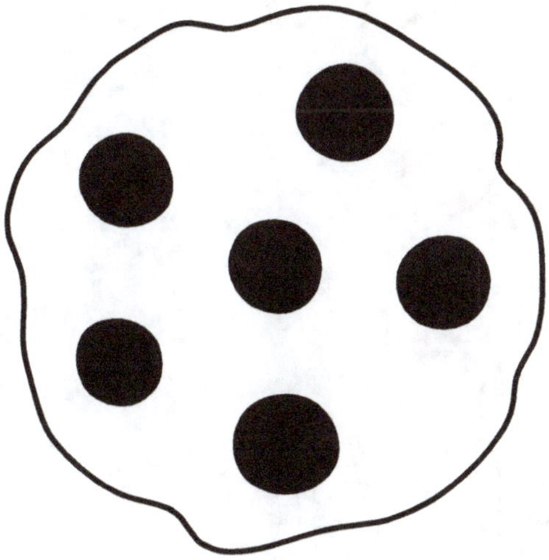

3. ¿Cuántas cosas hay de color **marrón**?

Hay _ _ _ cosas de color **marrón**.

¡TODOS LOS COLORES!

1. Colorea cada lápiz del color correspondiente.

VIOLETA

AZUL

CELESTE

VERDE

AMARILLO

NARANJA

ROJO

ROSA

BLANCO

NEGRO

MARRÓN

2. Colorea el arcoíris.

3. ¿Cuántos colores hay en el arcoíris?

Hay _ _ _ colores en el arcoíris.

4. Dibuja un arcoíris.

LOS COLORES

5. Dibuja círculos de cada color en cada caja.

Dibuja **3 círculos** de color violeta.	◯ ⦿ ⦿
Dibuja **5 círculos** de color azul.	
Dibuja **7 círculos** de color celeste.	
Dibuja **9 círculos** de color verde.	
Dibuja **10 círculos** de color amarillo.	

Dibuja **2 círculos** de color **naranja**.	
Dibuja **4 círculos** de color **rojo**.	
Dibuja **6 círculos** de color **rosa**.	
Dibuja **1 círculo** de color **blanco**.	
Dibuja **8 círculos** de color **negro**.	
Dibuja **4 círculos** de color **marrón**.	

LAS FORMAS:
EL CÍRCULO

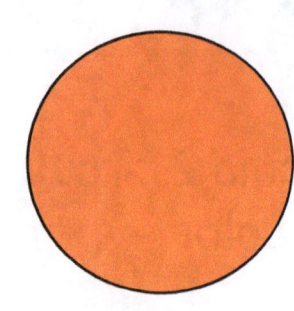

1. Practica dibujar un círculo.

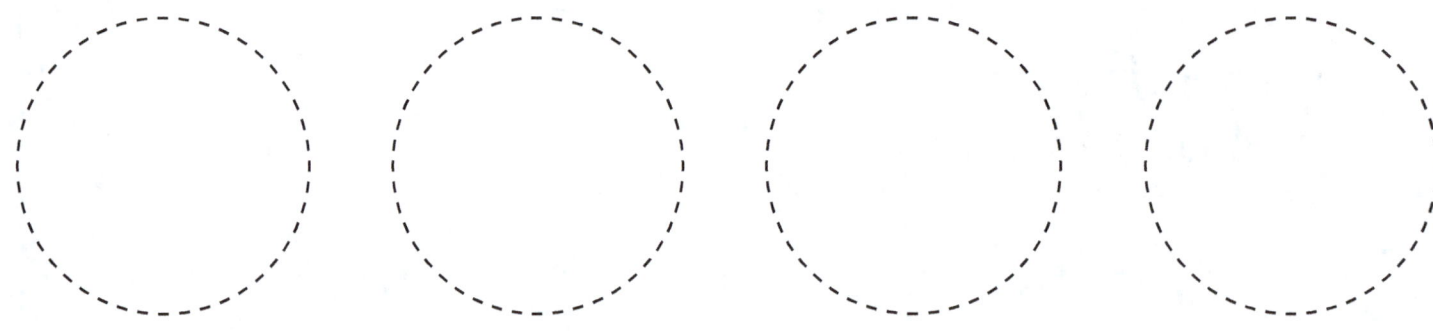

2. Colorea los círculos de color **rojo**.

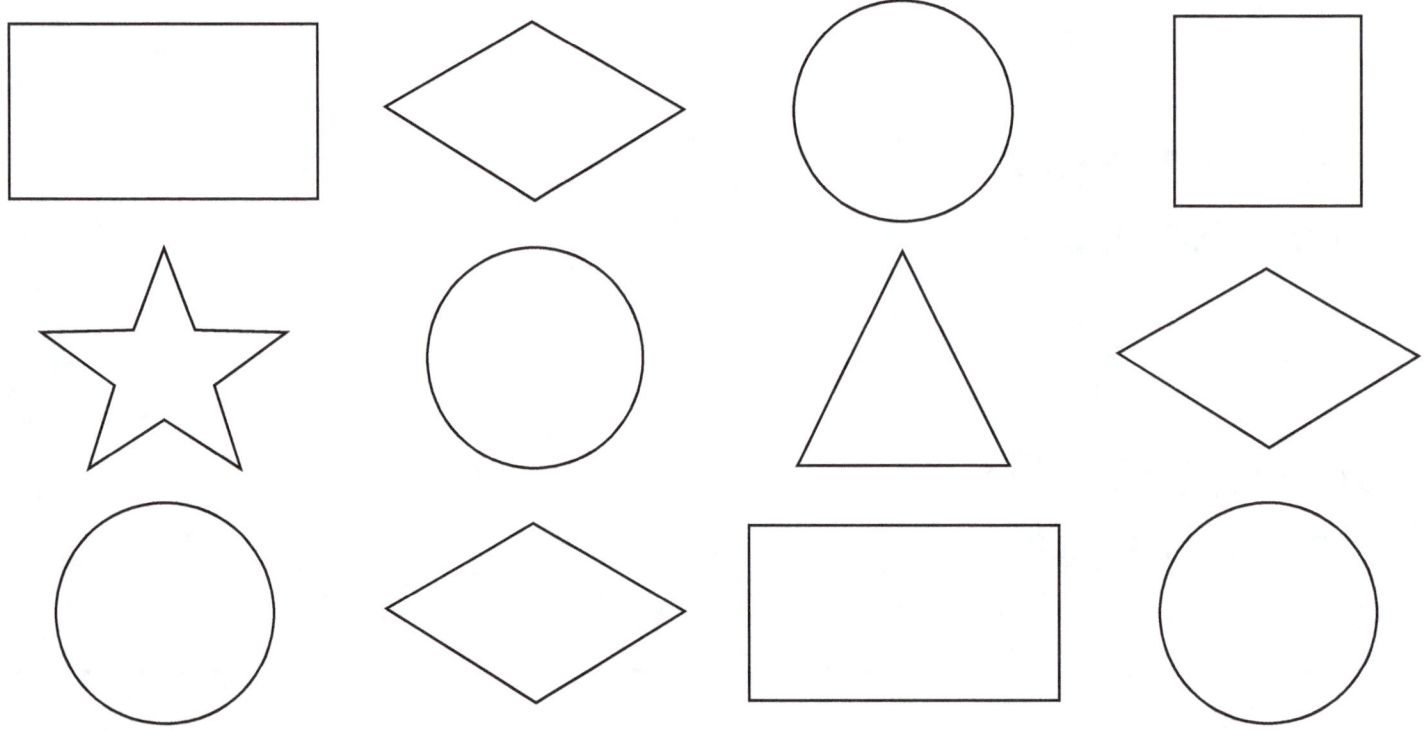

3. Cuenta los círculos.

Hay _ _ _ _ círculos de color **rojo**.

4. Encuentra y (encierra) los dibujos que tienen forma de círculo.

---

5. ¿Cuántos dibujos con forma de círculo hay?

Hay _ _ _ _ dibujos con forma de círculo.

6. Dibuja pelotas en la cancha.

7. ¿Cuántas pelotas hay?

Hay _ _ _ _ pelotas en la cancha.

8. Colorea 2 círculos de color **rojo**.
Colorea 3 círculos de color **verde**.
Colorea 4 círculos de color **azul**.

9. ¿Cuántos lados tiene un círculo?

El círculo tiene _ _ _ _ lados.

10. ¿Cuántas puntas tiene un círculo?

El círculo tiene _ _ _ _ puntas.

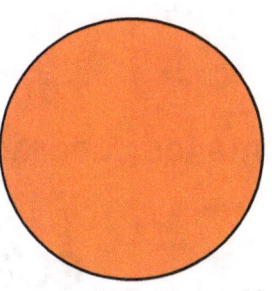

 **MATEMÁTICAS**

LAS FORMAS: EL CUADRADO

1. Practica dibujar un cuadrado.

2. Colorea los cuadrados de color naranja.

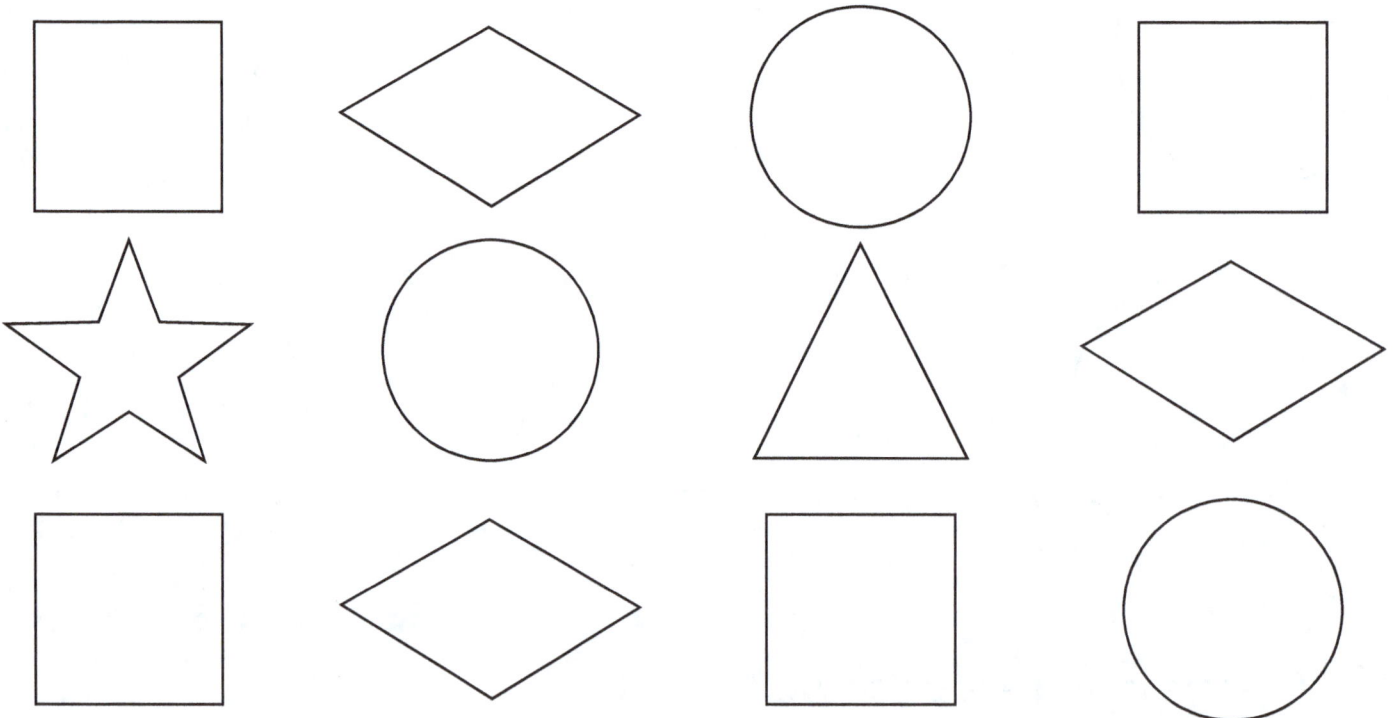

3. Cuenta los cuadrados.

Hay _ _ _ _ cuadrados de color naranja.

4. Encuentra y (encierra) los dibujos que tienen forma de cuadrado.

---

5. ¿Cuántos dibujos con forma de cuadrado hay?

Hay _ _ _ dibujos con forma de cuadrado.

6. Dibuja waffles en la mesa.

7. ¿Cuántos waffles hay?

Hay _ _ _ _ waffles en la mesa.

8. Colorea 2 cuadrados de color amarillo.
Colorea 3 cuadrados de color rosa.
Colorea 4 cuadrados de color violeta.

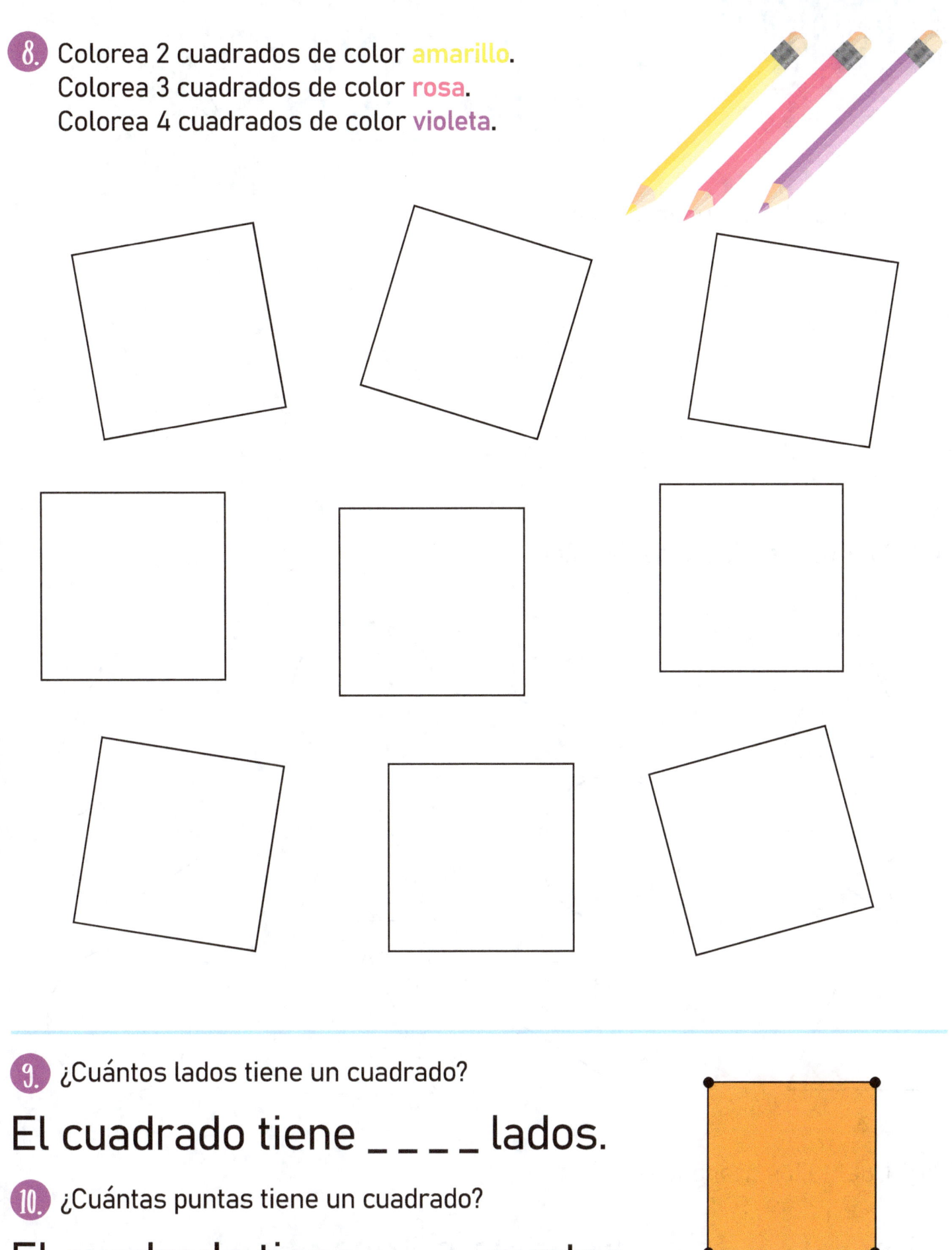

9. ¿Cuántos lados tiene un cuadrado?

El cuadrado tiene _ _ _ _ lados.

10. ¿Cuántas puntas tiene un cuadrado?

El cuadrado tiene _ _ _ _ puntas.

 **MATEMÁTICAS**

LAS FORMAS: EL TRIÁNGULO

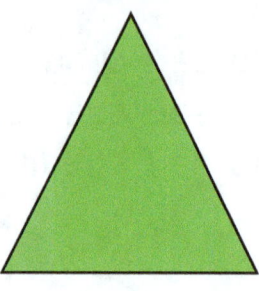

1. Practica dibujar un triángulo.

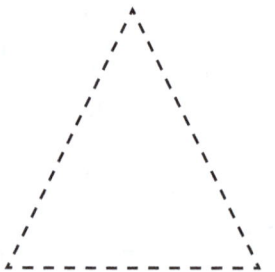   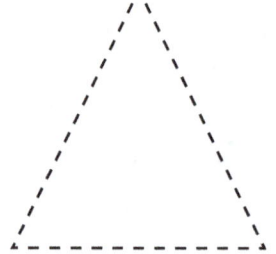

2. Colorea los triángulos de color verde.

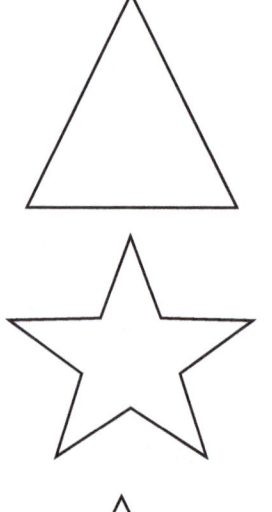 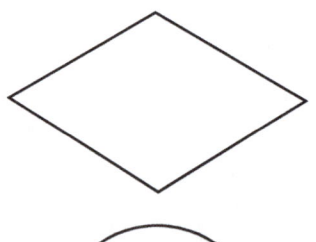 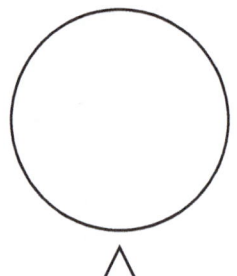 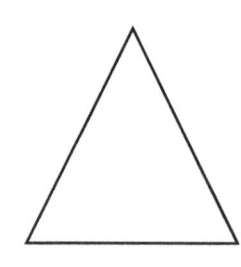

 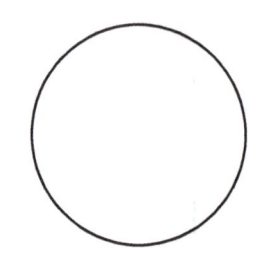 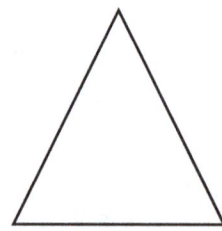 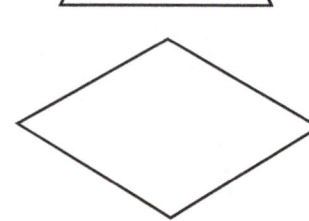

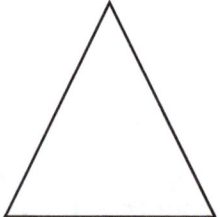 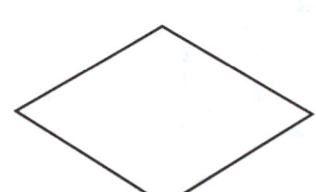  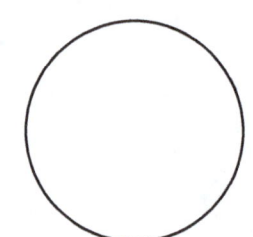

3. Cuenta los triángulos.

Hay _ _ _ _ triángulos de color verde.

4. Encuentra y (encierra) los dibujos que tienen forma de triángulo.

---

5. ¿Cuántos dibujos con forma de triángulo hay?

Hay _ _ _ dibujos con forma de triángulo.

6. Dibuja carpas en el bosque.

7. ¿Cuántas carpas hay?

Hay _ _ _ _ carpas en el bosque.

8. Colorea 2 triángulos de color **negro**.
Colorea 3 triángulos de color celeste.
Colorea 4 triángulos de color **marrón**.

9. ¿Cuántos lados tiene un triángulo?

El triángulo tiene _ _ _ _ lados.

10. ¿Cuántas puntas tiene un triángulo?

El triángulo tiene _ _ _ _ puntas.

 **MATEMÁTICAS**

LAS FORMAS: EL RECTÁNGULO

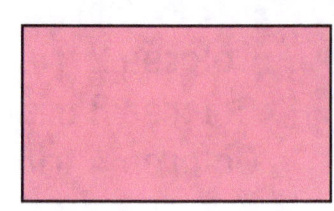

1. Practica dibujar un rectángulo.

2. Colorea los rectángulos de color **rosa**.

3. Cuenta los rectángulos.

Hay _ _ _ _ rectángulos de color **rosa**.

4. Encuentra y (encierra) los dibujos que tienen forma de rectángulo.

---

5. ¿Cuántos dibujos con forma de rectángulo hay?

Hay _ _ _ dibujos con forma de rectángulo.

MATEMÁTICAS

6. Dibuja reglas en la pizarra.

7. ¿Cuántas reglas hay?

Hay _ _ _ _ _ reglas en la pizarra.

8. Colorea 2 rectángulos de color **rojo**.
Colorea 3 rectángulos de color **rosa**.
Colorea 4 rectángulos de color **azul**.

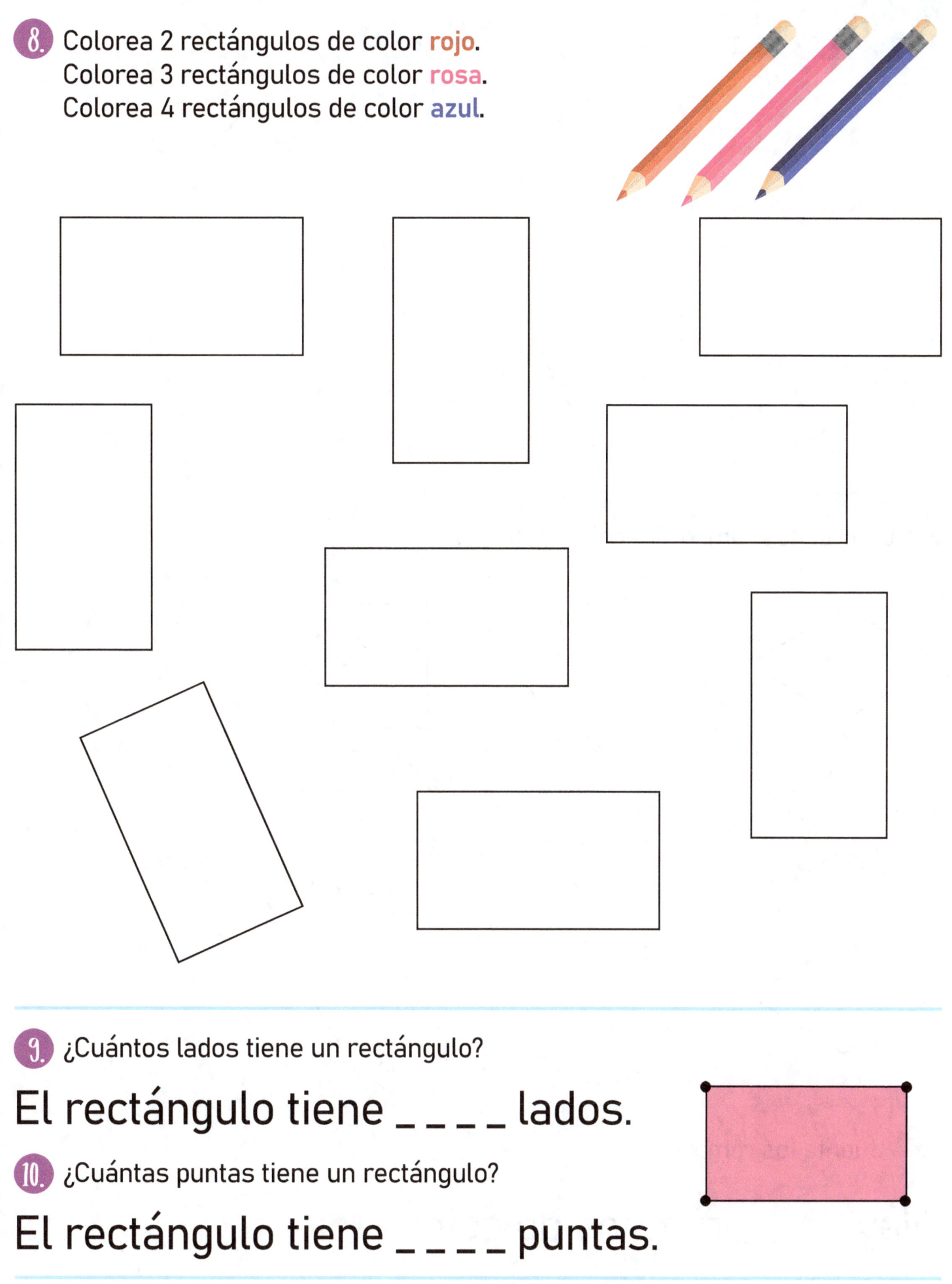

9. ¿Cuántos lados tiene un rectángulo?

El rectángulo tiene _ _ _ _ lados.

10. ¿Cuántas puntas tiene un rectángulo?

El rectángulo tiene _ _ _ _ puntas.

LAS FORMAS: EL ROMBO

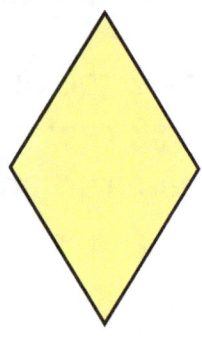

1. Practica dibujar un rombo.

2. Colorea los rombos de color amarillo.

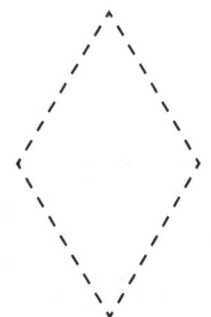
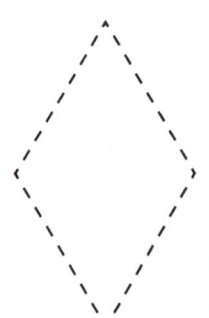
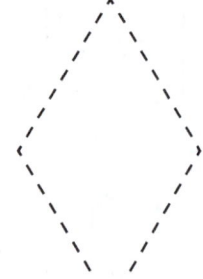
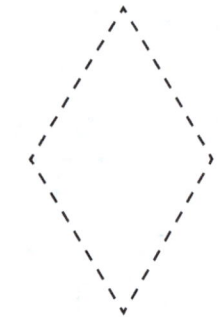

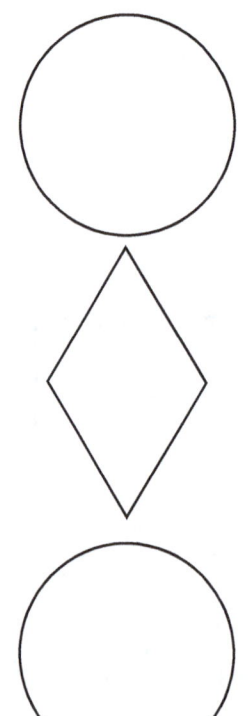
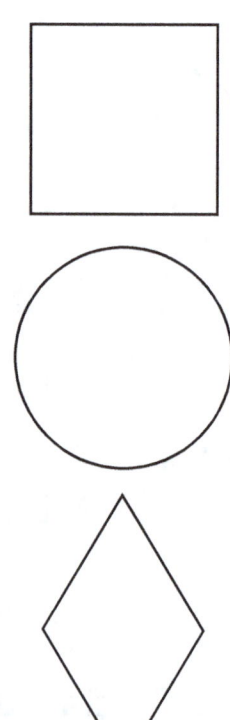
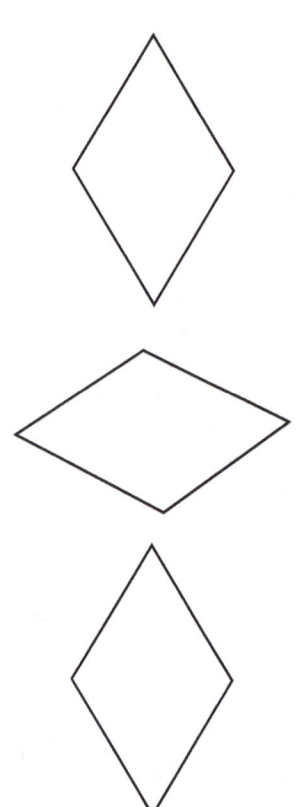

3. Cuenta los rombos.

Hay _ _ _ _ rombos de color amarillo.

4. Encuentra y (encierra) los dibujos que tienen forma de rombo.

5. ¿Cuántos dibujos con forma de rombo hay?

Hay _ _ _ dibujos con forma de rombo.

6. Dibuja cometas en el cielo.

 7. ¿Cuántos cometas hay?

Hay _ _ _ _ _ cometas en el cielo.

8. Colorea 2 rombos de color violeta.
Colorea 3 rombos de color azul.
Colorea 4 rombos de color celeste.

9. ¿Cuántos lados tiene un rombo?

El rombo tiene _ _ _ _ lados.

10. ¿Cuántas puntas tiene un rombo?

El rombo tiene _ _ _ _ puntas.

LAS FORMAS: EL ÓVALO

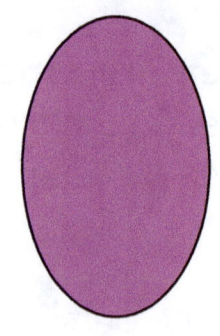

1. Practica dibujar un óvalo.

2. Colorea los óvalos de color **violeta.**

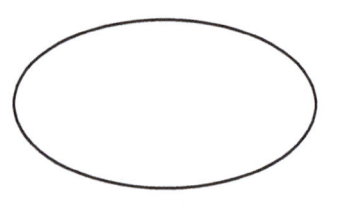 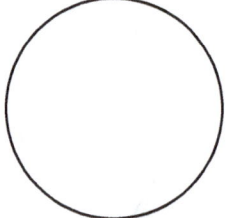 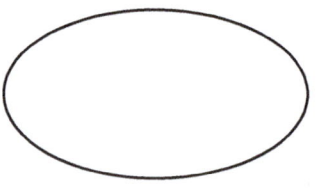 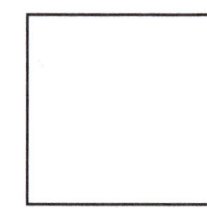

  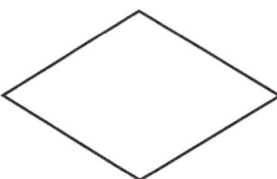 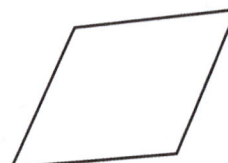

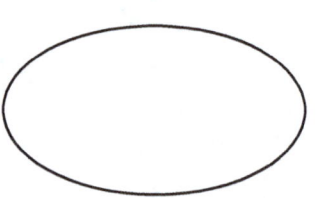 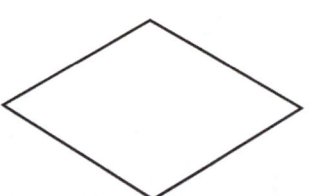 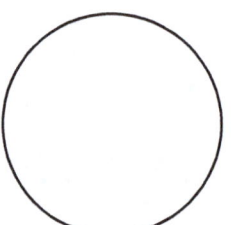 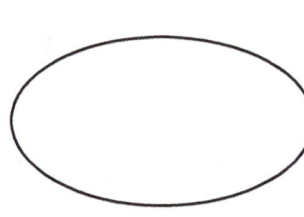

3. Cuenta los óvalos:

Hay _ _ _ _ óvalos de color **violeta.**

4. Encuentra y (encierra) los dibujos que tienen forma de óvalo.

---

5. ¿Cuántos dibujos con forma de óvalo hay?

Hay _ _ _ dibujos con forma de óvalo.

6. Dibuja limones en el árbol.

7. ¿Cuántos limones hay?

Hay _ _ _ _ _ limones en el árbol.

8. Colorea 2 óvalos de color verde.
Colorea 3 óvalos de color amarillo.
Colorea 4 óvalos de color naranja.

9. ¿Cuántos lados tiene un óvalo?

El óvalo tiene _ _ _ _ lados.

10. ¿Cuántas puntas tiene un óvalo?

El óvalo tiene _ _ _ _ puntas.

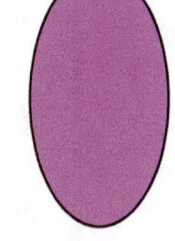

REPASAMOS LAS FORMAS

1. Dibuja adornos en el arbolito de Navidad con las formas que has aprendido. Colorea los adornos con los colores que has aprendido.

2. Cuenta **cuántos adornos** tienes con cada **forma** y **cuántos adornos** tienes con cada **color**.

Aprende
CIENCIAS NATURALES

con Llama Estra

LAS ESTACIONES

EL VERANO

EL INVIERNO

LA PRIMAVERA

EL OTOÑO

1. Dibuja la ropa que usarías en cada estación.

VERANO

INVIERNO

PRIMAVERA

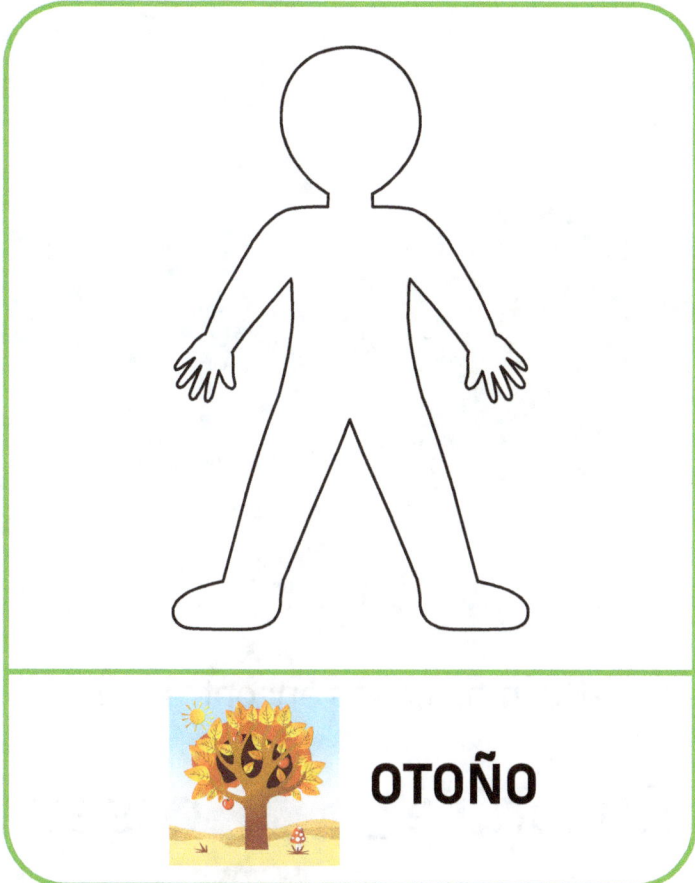

OTOÑO

EL VERANO

1. (Encierra) las cosas que necesitas durante el **verano.**

2. ¿Cuántas cosas encontraste?

Encontré _ _ _ _ cosas.

En el verano hace **mucho calor**.

mu	cho

ca	lor

3. ¿Qué te gusta hacer en el verano?
Dibuja tu actividad favorita.

Tengo calor

¡Qué calor!

EL INVIERNO

1. Encierra las cosas que necesitas durante el **invierno**.

   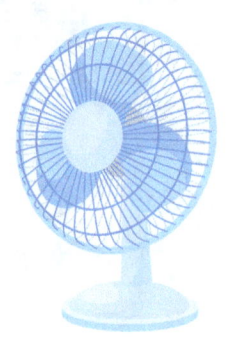

2. ¿Cuántas cosas encontraste?

Encontré _ _ _ _ cosas.

En el invierno hace **mucho frío.**

mu	cho

frí	o

3. ¿Qué te gusta hacer en el invierno? Dibuja tu actividad favorita.

Tengo frío

¡Qué frío!

LA PRIMAVERA

1. Colorea el dibujo de la **primavera**.

2. ¿Qué colores usaste en el dibujo? Dibuja un círculo de cada color que usaste.

- -

3. ¿Cuántos colores usaste en tu dibujo?

Usé _ _ _ _ _ colores.

En la primavera hay **muchas flores.**

mu	chas
flo	**res**

4. ¿Qué te gusta hacer en la primavera?
Dibuja tu actividad favorita.

EL OTOÑO

1. Colorea el dibujo del **otoño**.

2. ¿Qué colores usaste en el dibujo? Dibuja un círculo de cada color que usaste.

3. ¿Cuántos colores usaste en tu dibujo?

Usé _ _ _ _ _ _ colores.

En el otoño caen **muchas hojas.**

mu	chas

ho	jas

4. ¿Qué te gusta hacer en el otoño?
Dibuja tu actividad favorita.

EL CLIMA

sol	nubes
lluvia	**nieve**
tormenta	**viento**

1. ¿Cómo está el clima hoy?

2. Dibuja el clima de toda la semana.

lunes	martes

miércoles	jueves

viernes	sábado

domingo

3. ¿Cuántos días hay con el mismo clima en esta semana?

LUZ NATURAL Y ARTIFICIAL

La luz natural está hecha por la naturaleza.

La luz artificial está hecha por el hombre.

1. ¿Qué fuentes de luz natural conoces? Dibuja.

2. ¿Qué fuentes de luz artificial conoces? Dibuja.

3. Colorea los dibujos e indica si el dibujo representa luz natural (N) o artificial (A).

N A	N A	N A	N A
semáforo	fuego	lámpara	sol
N A	N A	N A	N A
fuegos artificiales	linterna	luna	foco
N A	N A	N A	N A
relámpagos	árbol de Navidad	libélula	luces del tren

4. ¿Cuántas luces de fuente natural hay en el ejercicio?

5. ¿Cuántas luces de fuente artificial hay en el ejercicio?

LOS SERES VIVOS

animales

perro   pájaro   león

mariposa   oruga   ballena

plantas

árbol   flor   planta con fruto

seres humanos

Los seres vivos necesitan 5 cosas para sobrevivir:

sol

aire

agua

alimento

hogar

EL SER HUMANO

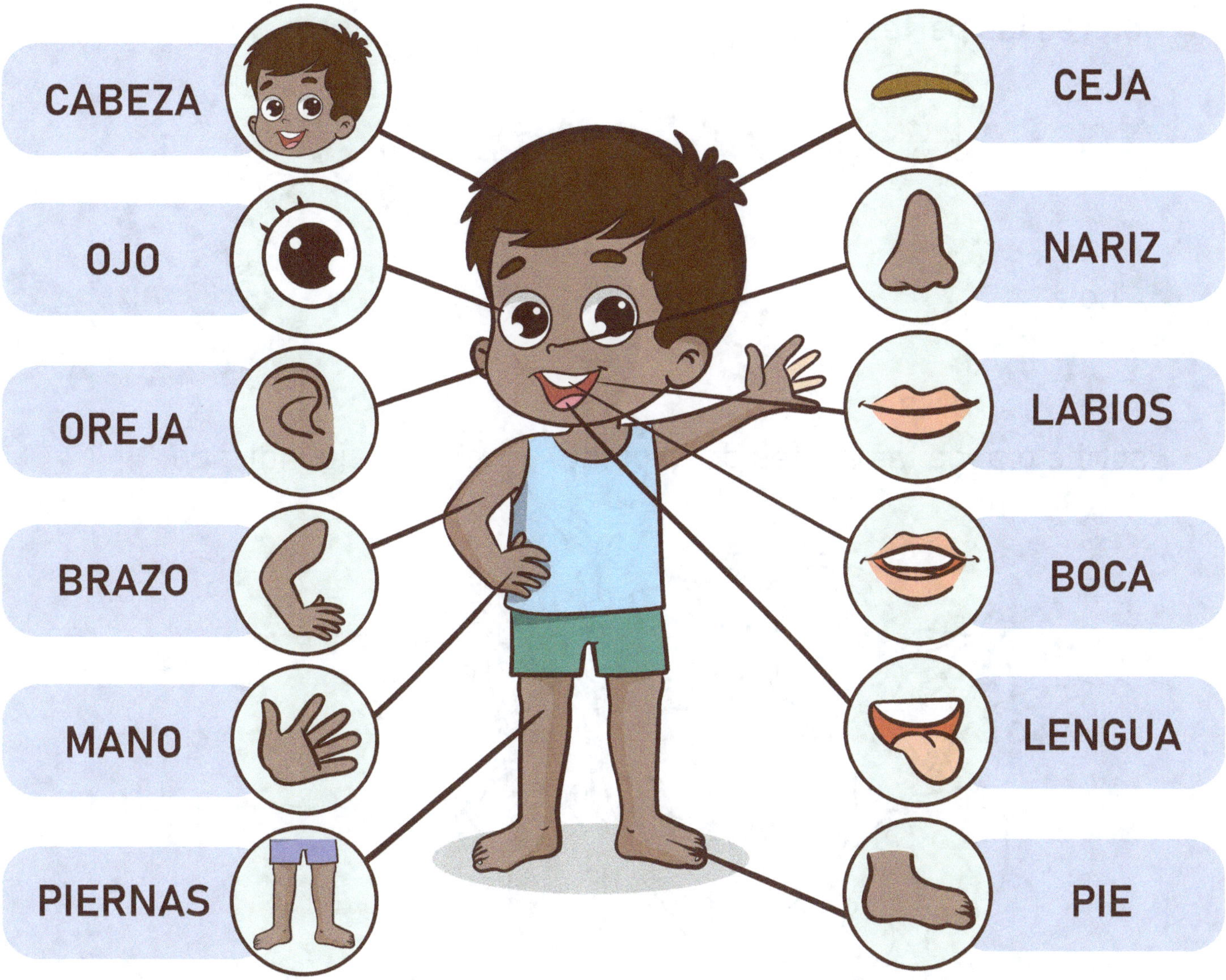

CABEZA

OJO

OREJA

BRAZO

MANO

PIERNAS

CEJA

NARIZ

LABIOS

BOCA

LENGUA

PIE

 ¿Cuántos ojos tienes? _ _ _ _ _

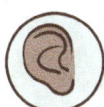 ¿Cuántas orejas tienes? _ _ _ _ _

 ¿Cuántas narices tienes? _ _ _ _ _

 ¿Cuántas bocas tienes? _ _ _ _ _

 ¿Cuántos brazos tienes? _ _ _ _ _

  ¿Cuántos dedos tienes en las manos y en los pies?

_ _ _ _ _

1. Colorea las partes de la planta.

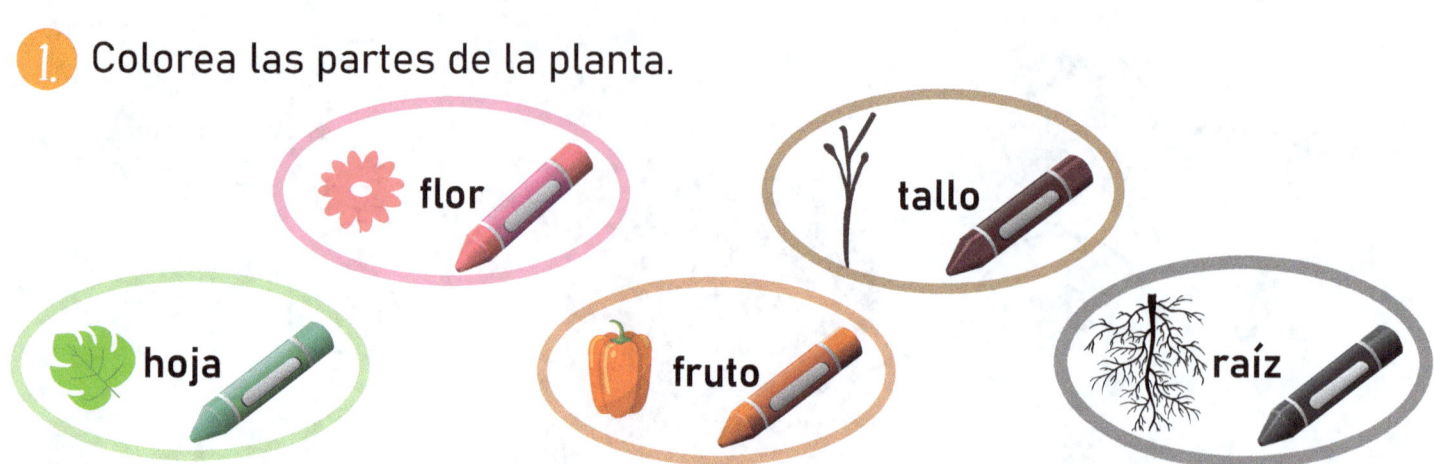

flor

tallo

hoja

fruto

raíz

2. Escribe o pega las partes de la planta en el espacio indicado.

| hoja | flor | fruto | tallo | raíz |

EL CICLO DE UNA PLANTA

1. Enumera en orden el ciclo de la planta del 1 al 6.

EL CICLO
DE LA
PLANTA

EL CICLO DE VIDA DE LA MARIPOSA

1. Enumera en orden el ciclo de vida de la mariposa del 1 al 4.

EL CICLO DE VIDA
DE LA MARIPOSA

EL CICLO DE VIDA DE UN POLLITO

1. Enumera en orden el ciclo de vida de un pollito del 1 al 5.

2. Une los puntos para descubrir el pollito y coloréalo.

CIENCIAS NATURALES

EXPERIMENTO: OBJETOS EN MOVIMIENTO

¿Qué se necesita para mover un objeto?
¿Cuánta fuerza se necesita para mover un objeto?

1. Haz un camino con una regla e intenta soplar diferentes objetos.
Luego intenta mover los objetos como si estuvieras jugando al golf
(puedes usar una cuchara o un palo).

	¿Se mueve? ✓ o ✗	¿Se mueve? ✓ o ✗
piedra		
piedrita		
lápiz		
canica		
hoja de papel		
hoja		
libro		
algodón		
autito		
muñeca		
_ _ _ _ _ _ _ _ _ _		

EXPERIMENTO: LA LUZ Y LA OSCURIDAD

1. Haz un dibujo en un cuarto oscuro.

2. Haz un dibujo bajo el sol.

3. Conversación con el maestro.

¿Qué dibujo fue más fácil? ¿Por qué? ¿Por qué necesitamos luz?

EXPERIMENTO: LA LUZ Y EL CALOR

1. Deja una piedra en un cuarto oscuro.
Toca la piedra después de una hora.

¿Está **fría** o **caliente**?

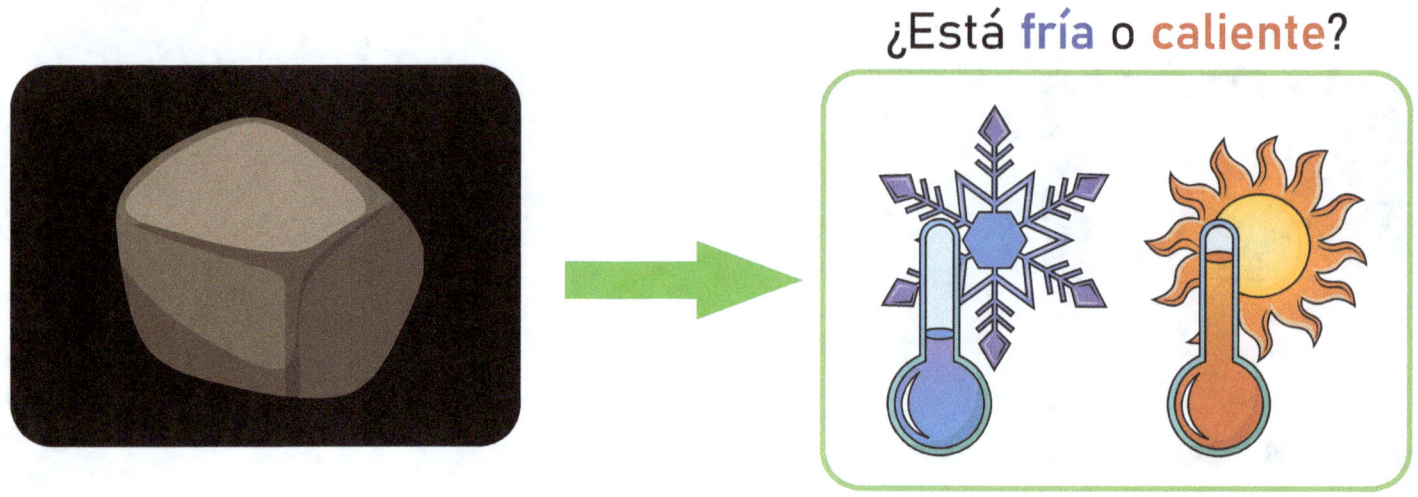

2. Deja una piedra bajo el sol en un día de calor.
Toca la piedra después de una hora.

¿Está **fría** o **caliente**?

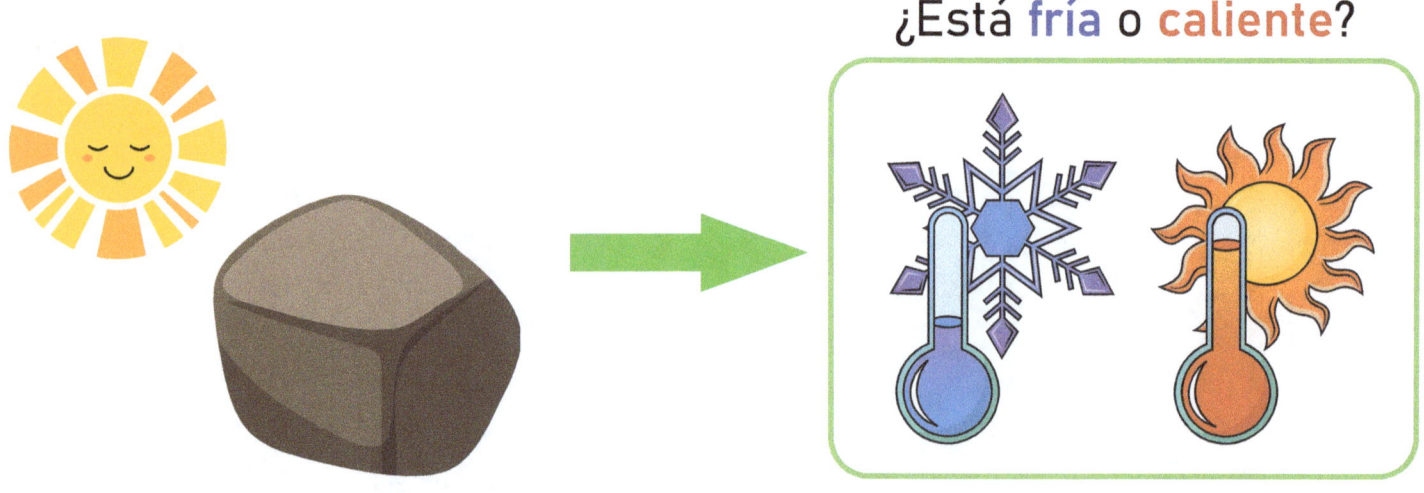

3. Conversación con el maestro.

¿Por qué las piedras tenían temperatura diferente?
¿Por qué necesitamos luz?

EXPERIMENTO: LA LUZ Y EL CALOR

1. Deja un cubo de hielo en un cuarto oscuro.
Dibuja el cubo de hielo después de 30 minutos.

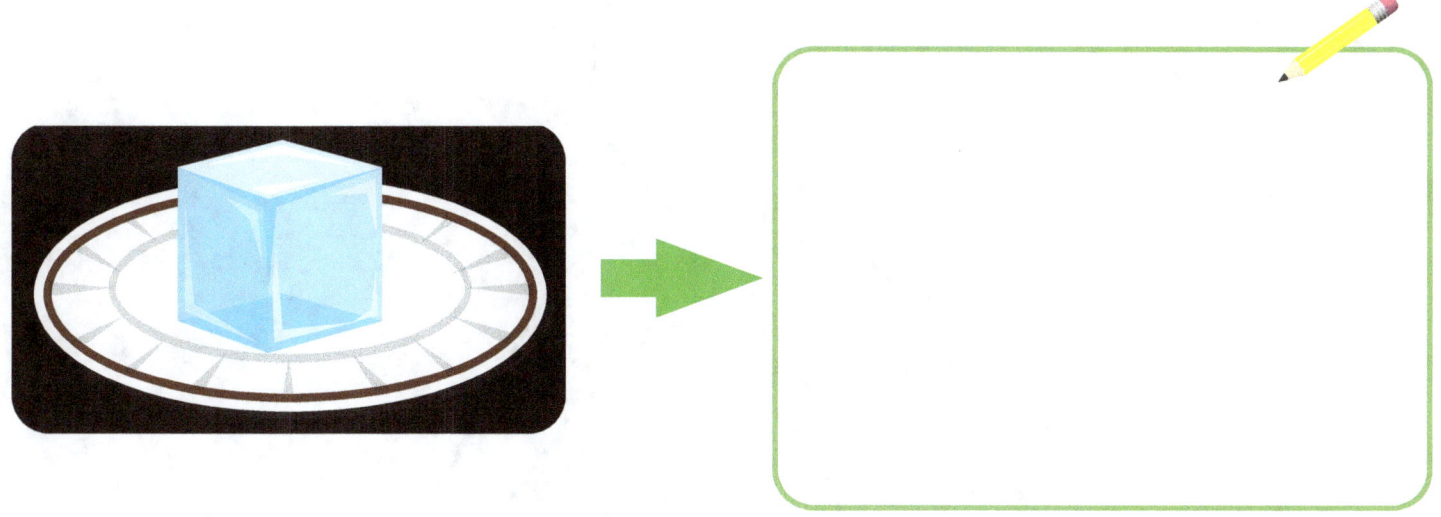

2. Deja un cubo de hielo bajo el sol en un día de calor.
Dibuja el cubo de hielo después de 30 minutos.

3. Conversación con el maestro.

¿Cómo cambió el cubo de hielo?
¿Por qué los cubos de hielo son diferentes?

YO

1. Dibújate a ti mismo.

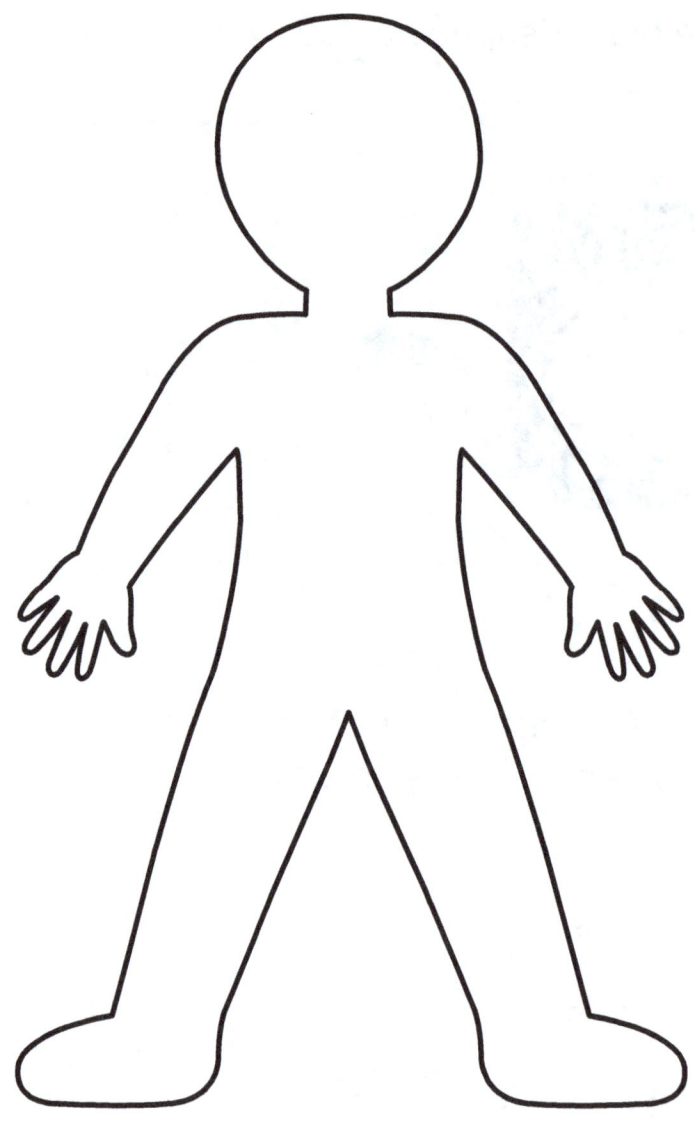

2. ¿De qué color es tu pelo?

Mi pelo es de color _ _ _ _ _ _ _ _

3. ¿Tu pelo es largo o corto?

Mi pelo es _ _ _ _ _ _ _

4. ¿De qué color son tus ojos?

Mis ojos son de color _ _ _ _ _ _ _ _

abeja

águila

ardilla

alpaca

A A

a a

búho

burro

B b

ballena

buitre

B B

b b

chancho

caballo

C c

canguro

chimpancé

dinosaurio

delfín

Dd

dromedario

dragón

D D

d d

elefante

emú

E e

estrella de mar

erizo

E E

e e

foca

flamenco

F f

faisán

frailecillo

gato

gallina

gorila

ganso

G G

g g

hámster

halcón

Hh

hipopótamo

hormiga

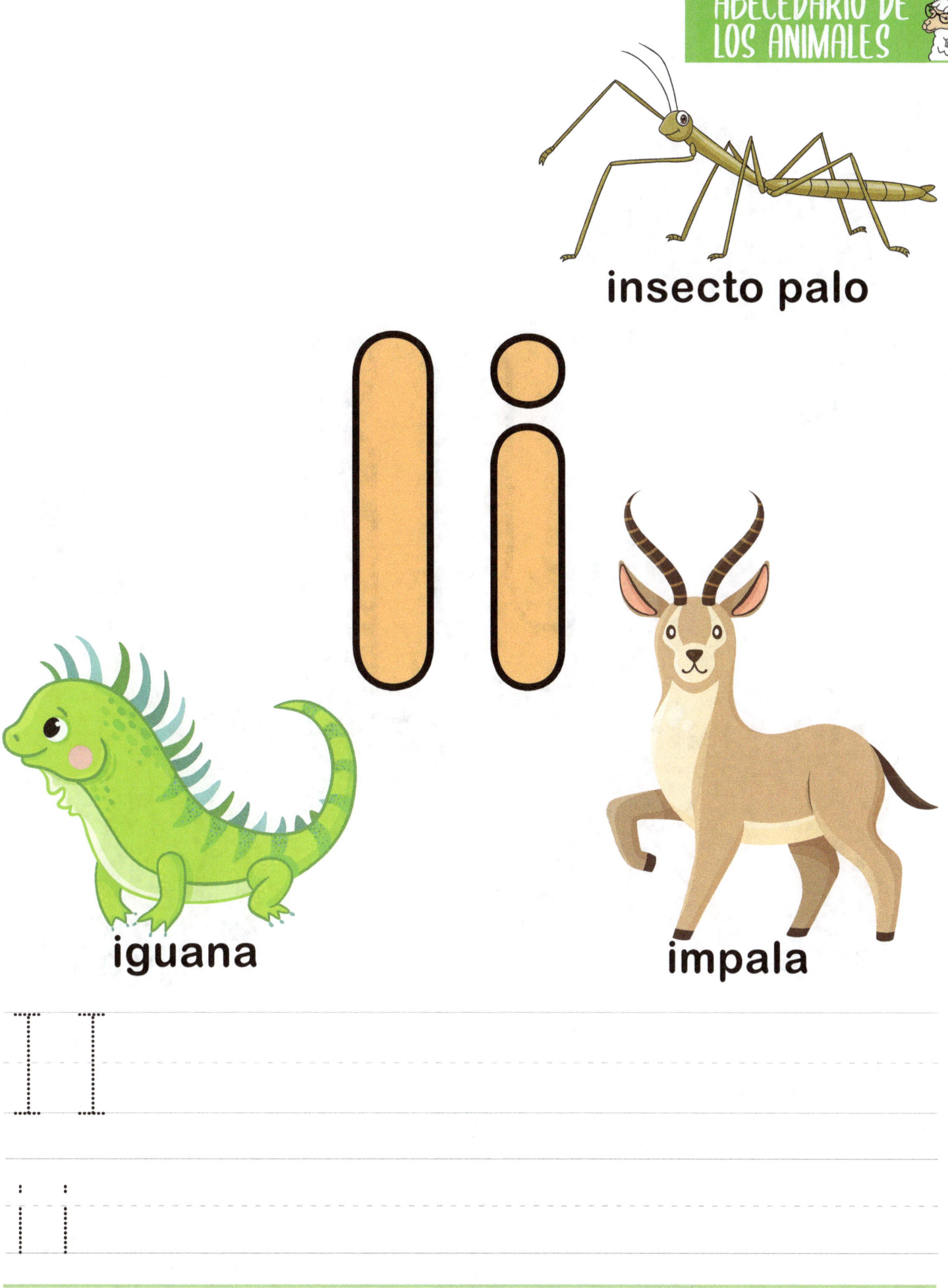

insecto palo

Ii

iguana

impala

I

i

jabalí

jaguar

Jj

jirafa

Kk

koala

kiwi

K k

k k

llama

león

Ll

lechuza

lobo

mono

marmota

Mm

mapache

murciélago

M M

m m

nutria

Nn

narval

N N

n n

ñu

ñandú

Ññ

orca

orangután

O o

ornitorrinco

oso

pantera

panda

perro

perezoso

P p

P P

P P

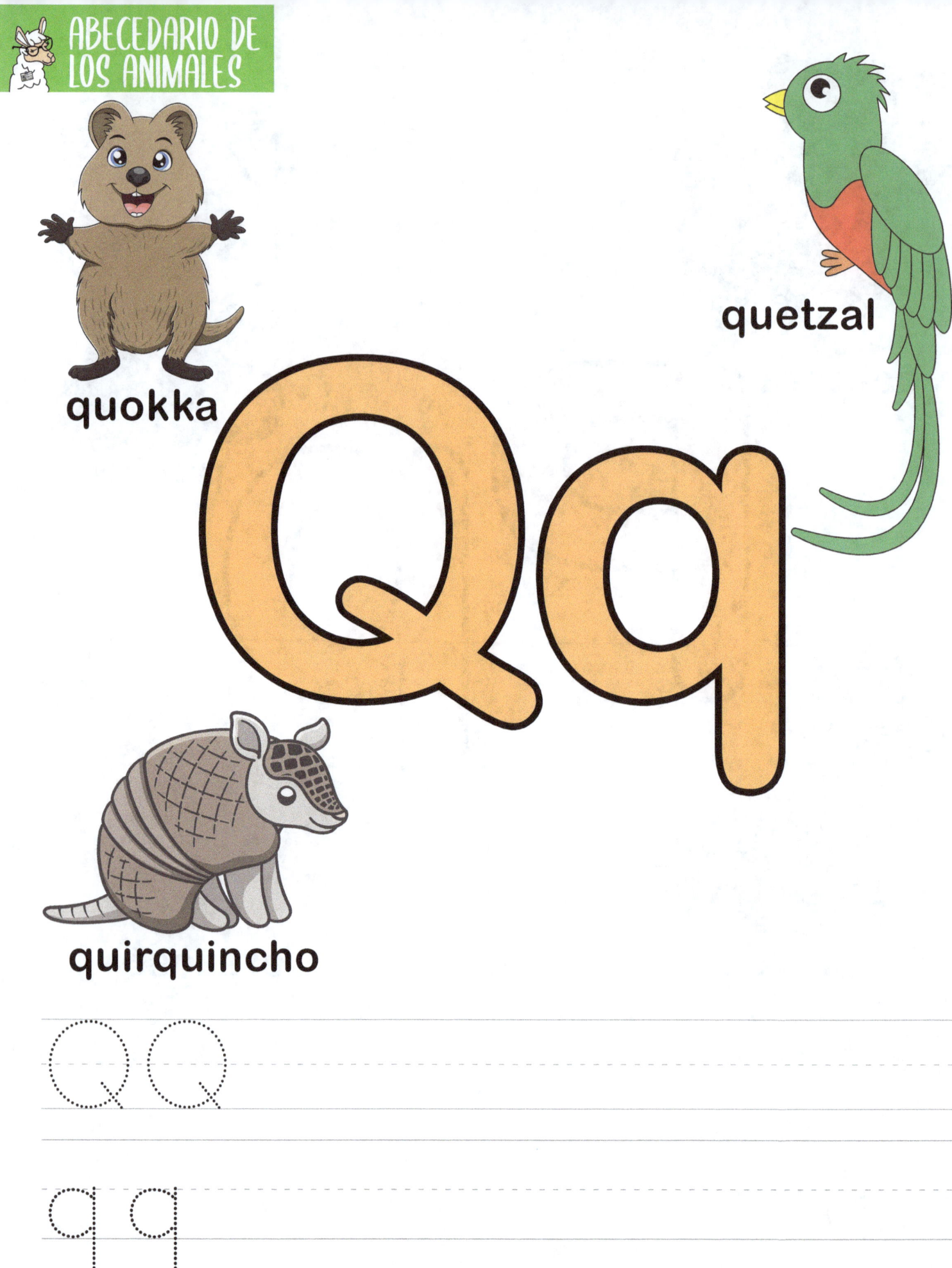

quokka

quetzal

quirquincho

Q q

rana

ratón

R r

rinoceronte

reno

R R

r r

salamandra

sapo

Ss

serval

serpiente

S S

s s

tigre

tortuga

T t

tucán

tiburón

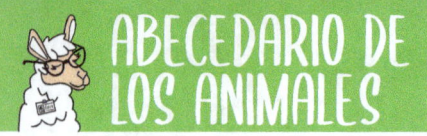

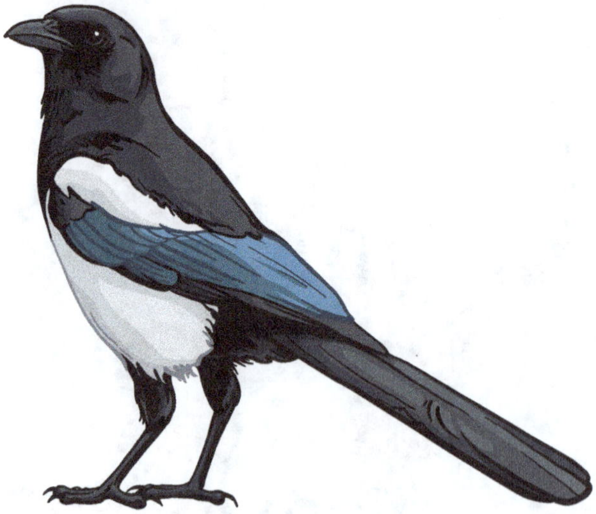

urraca

Uu

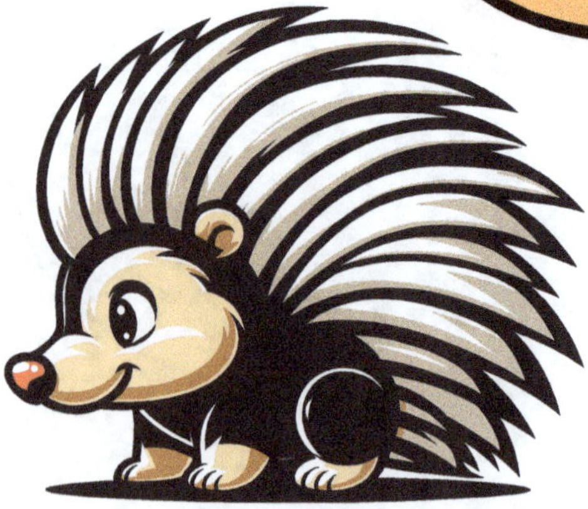

ursón

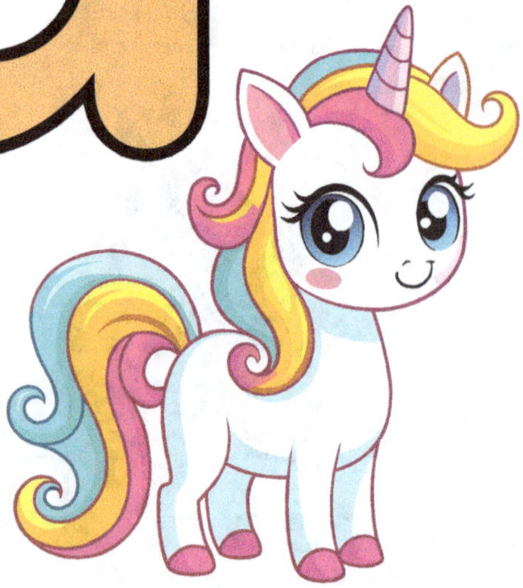

unicornio

U U

u u

víbora

vaca

venado

vicuña

V v

V V

v v

wapiti

Ww

walabi

W W

W W

xenosaurio

xerus

X x

X X

x x

yacaré

Y y

yarará

zarigüeya

zorro

Z z

zorrillo

zorzal

MI ANIMAL FAVORITO

1. Dibuja tu animal favorito.

2. ¿Cómo se llama tu animal favorito?

_ _ _ _ _ _ _ _ _ _ _ _ _ _ _ _ _ _ _

3. ¿A dónde vive tu animal favorito?

4. ¿Qué come tu animal favorito?

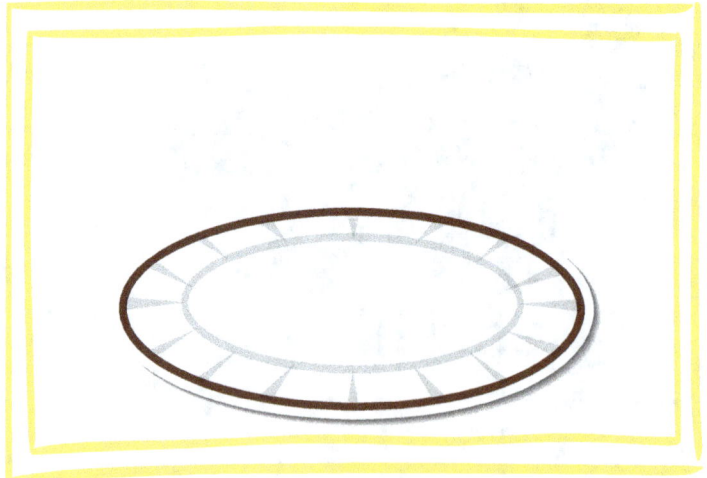

Aprende
CIENCIAS
SOCIALES

con Llama Estra

A VECES ME SIENTO...

contento	feliz	orgulloso
enfermo	triste	aburrido
sorprendido	asustado	enojado

244

A VECES ME SIENTO...

contenta	feliz	orgullosa
enferma	triste	aburrida
sorprendida	asustada	enojada

fe **liz**

1. Colorea los dibujos de personas felices.

2. ¿Qué cosas te hacen sentir feliz? Haz un dibujo.

Estoy feliz.

Estoy feliz.

3. Practica escribir la palabra.

Yo estoy feliz

tris	te

1. Colorea los dibujos de personas tristes.

2. ¿Qué cosas te hacen sentir triste? Haz un dibujo.

Estoy triste.

Estoy triste.

3. Practica escribir la palabra.

Yo estoy triste

or	gu	llo	so

1. Colorea los dibujos de personas orgullosas.

2. ¿Qué cosas te hacen sentir orgulloso? Haz un dibujo.

Estoy orgullosa.

Estoy orgulloso.

3. Practica escribir la palabra.

Yo estoy orgullos__

e	no	ja	do

1. Colorea los dibujos de personas enojadas.

2. ¿Qué cosas te hacen sentir enojado? Haz un dibujo.

Estoy enojada.

Estoy enojado.

3. Practica escribir la palabra.

Yo estoy enojad_

| a | sus | ta | do |

1. Colorea los dibujos de personas asustadas.

2. ¿Qué cosas te hacen sentir asustado? Haz un dibujo.

Estoy asustada.

Estoy asustado.

3. Practica escribir la palabra.

Yo estoy asustad_

LAS PREGUNTAS

¿Qué?

¿Quién?

¿Dónde?

¿Cuándo?

¿Por qué?

¿Cómo?

¿QUÉ?

1. Dibuja tu respuesta.

¿Qué comida te gusta?

¿Qué te gusta hacer en el parque?

¿Qué te gusta dibujar?

¿QUIÉN?

1. Encierra la respuesta correcta.

¿Quién cura a los enfermos?

¿Quién apaga incendios?

¿Quién nos cuida en nuestra ciudad?

¿DÓNDE?

1. (Encierra) la respuesta correcta.

¿Dónde vives?

¿Dónde vas a la escuela?

¿Dónde comes tu comida?

¿CUÁNDO?

1. (Encierra) la respuesta correcta.

¿Cuándo comes el desayuno?

¿Cuándo celebras Navidad?

¿Cuándo usas paraguas?

¿POR QUÉ?

1. Dibuja tu respuesta.

¿Por qué usas abrigo? (¡Porque hace frío! Dibuja el frío).

¿Por qué usas paraguas? (¡Porque llueve! Dibuja la lluvia).

¿Por qué usas pantalones cortos? (¡Porque hace calor! Dibuja un día de calor).

¿CÓMO?

1. ¿Cómo te llamas?

Yo me llamo _ _ _ _ _ _ _ _ _ _ _

2. Encierra la respuesta correcta.

¿Cómo vas a la escuela?

¿Cómo tomas la leche?

NECESIDADES Y DESEOS

Una necesidad es algo que **necesitamos** para sobrevivir.
Un deseo es algo que nos **gustaría** tener.

1. ¿Cuáles son las necesidades de las personas?
(Encierra) las cosas que necesitas para sobrevivir.

necesidades

258

2. Dibuja tus necesidades.

Dibuja tu **comida** favorita.

Dibuja tu **bebida** favorita.

Los seres humanos **necesitan** comida, agua, ropa y refugio para **sobrevivir**.

Dibuja tu **ropa** favorita.

Dibuja tu **casa**.

NECESIDADES Y DESEOS

3. Colorea las necesidades en **verde** y los deseos en **azul**.

Necesidades y deseos.

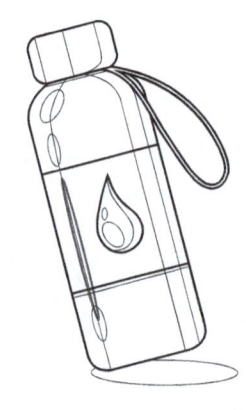

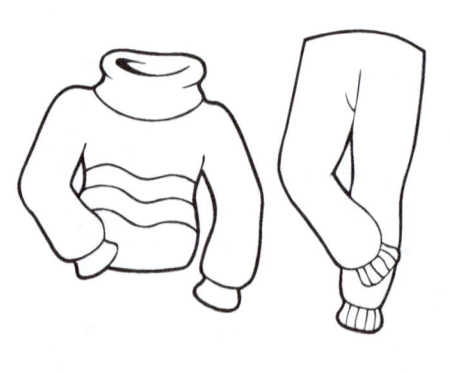

4. ¿Cuáles son tus deseos?

Dibuja tu juguete favorito:

Dibuja tu golosina favorita:

Dibuja otro deseo que tengas:

CIENCIAS SOCIALES

MI COMUNIDAD

1. ¿Qué lugares hay en tu comunidad?
Colorea los lugares que hay en tu comunidad.

parque	**escuela**	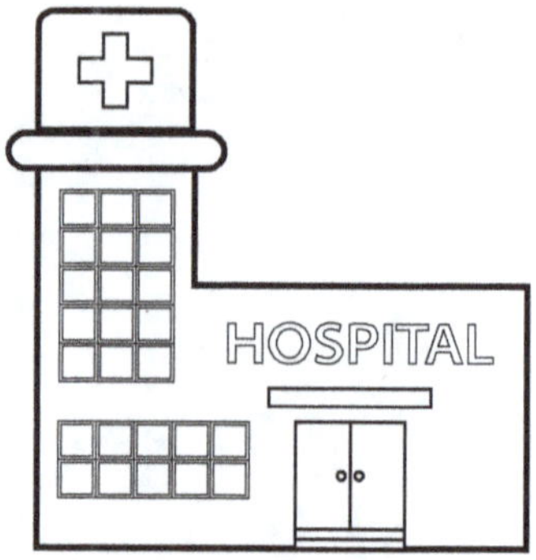 **hospital**
iglesia	**supermercado**	**farmacia**
restaurante	**cine**	**estación de tren**

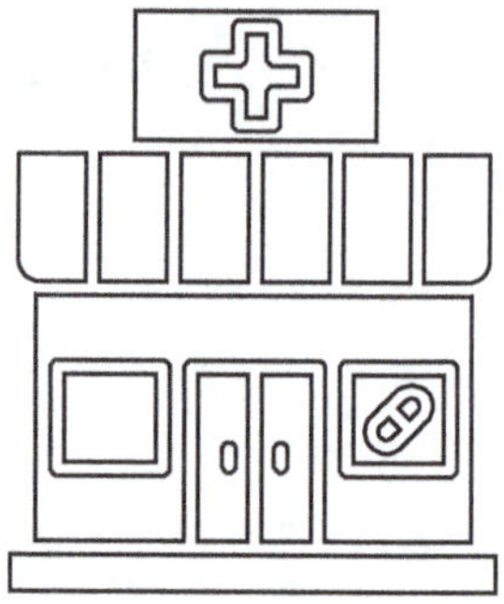

2. ¿Cuál es tu lugar favorito en tu comunidad?

LOS TRABAJADORES EN LA COMUNIDAD

1. Une el trabajador a su lugar de trabajo.

| el cartero | la doctora | el bombero | el policía | el mecánico |

2. Dibuja un trabajador y su lugar de trabajo.

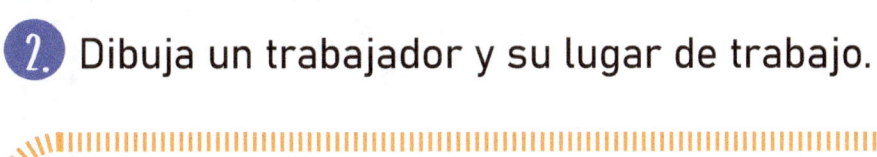

TODO SOBRE MÍ

1. Escribe, dibuja o pega una foto.

Mi nombre es:

Tengo _ _ _ años.

Mi familia:

Mi casa:

Mis amigos:

Cuando sea grande quiero ser:

Me gusta:

Mis mascotas:

No me gusta:

Mi juego favorito:

Aprende
GEOGRAFÍA

con Llama Estra

LOS CONTINENTES

Asia

Oceanía

Europa

África

Antártida

Norteamérica

Sudamérica

1. Colorea **Norteamérica**.

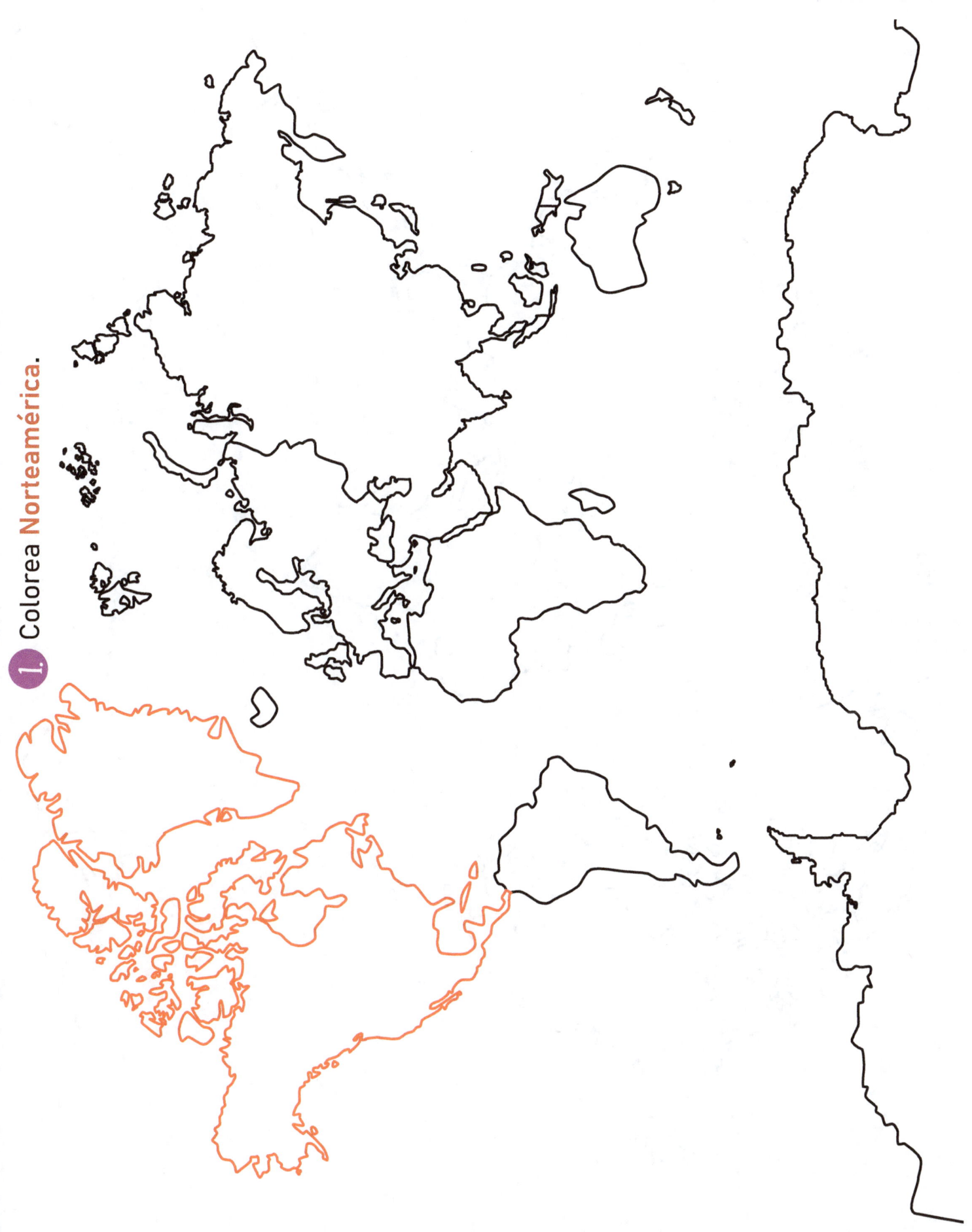

2. Colorea Sudamérica.

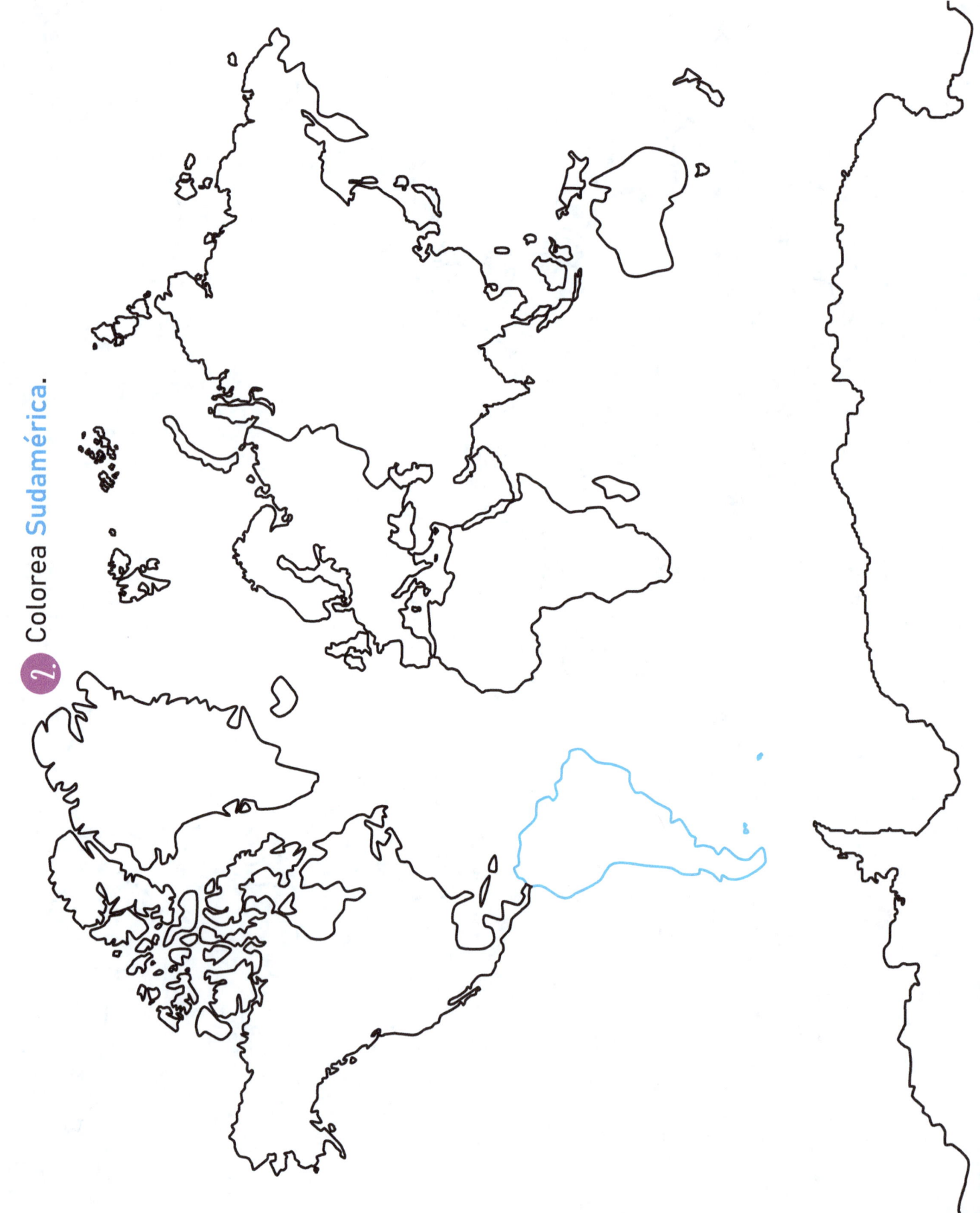

3. Colorea Europa.

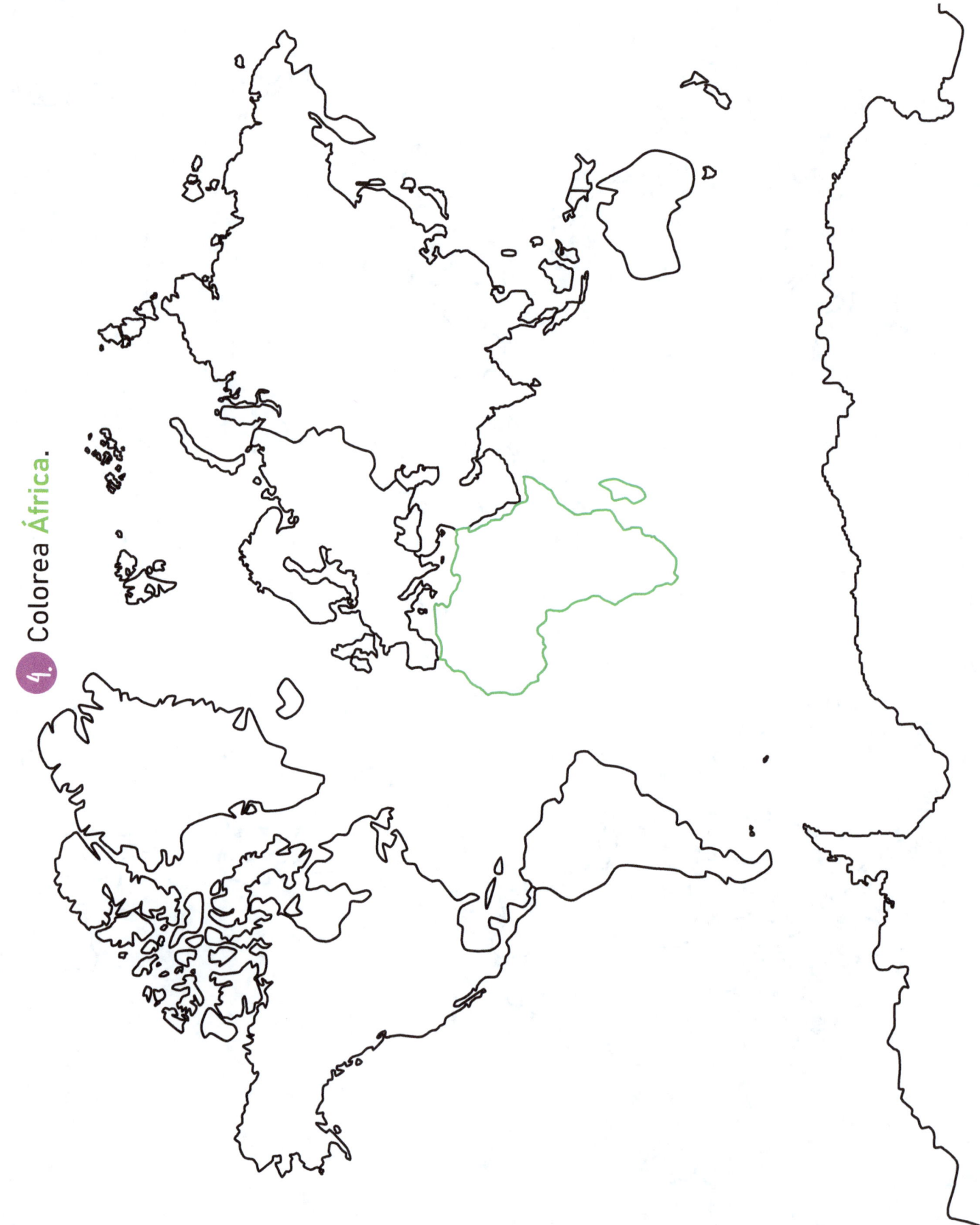

4. Colorea África.

Colorea Asia.

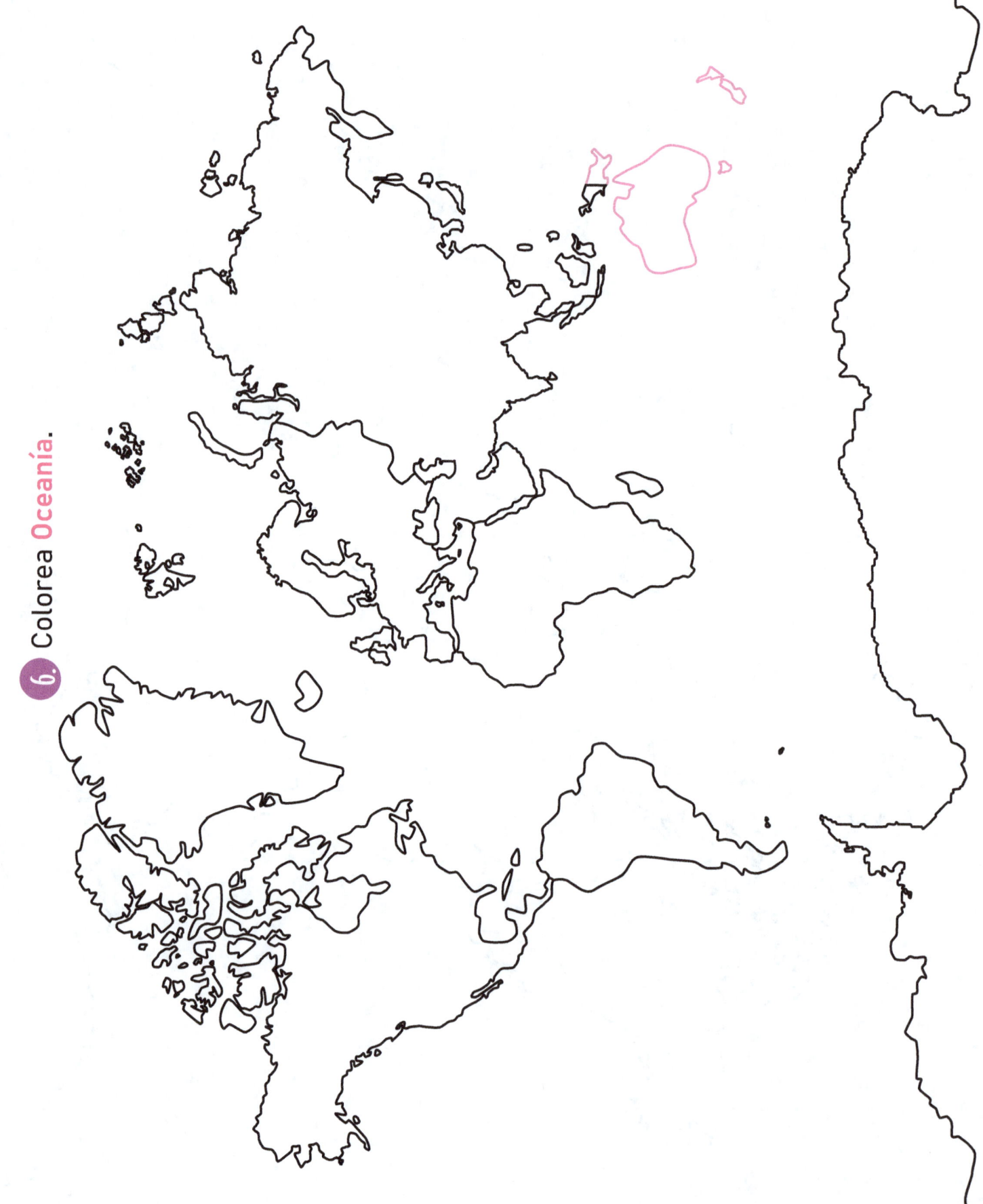

6. Colorea Oceanía.

1. Colorea Antártida.

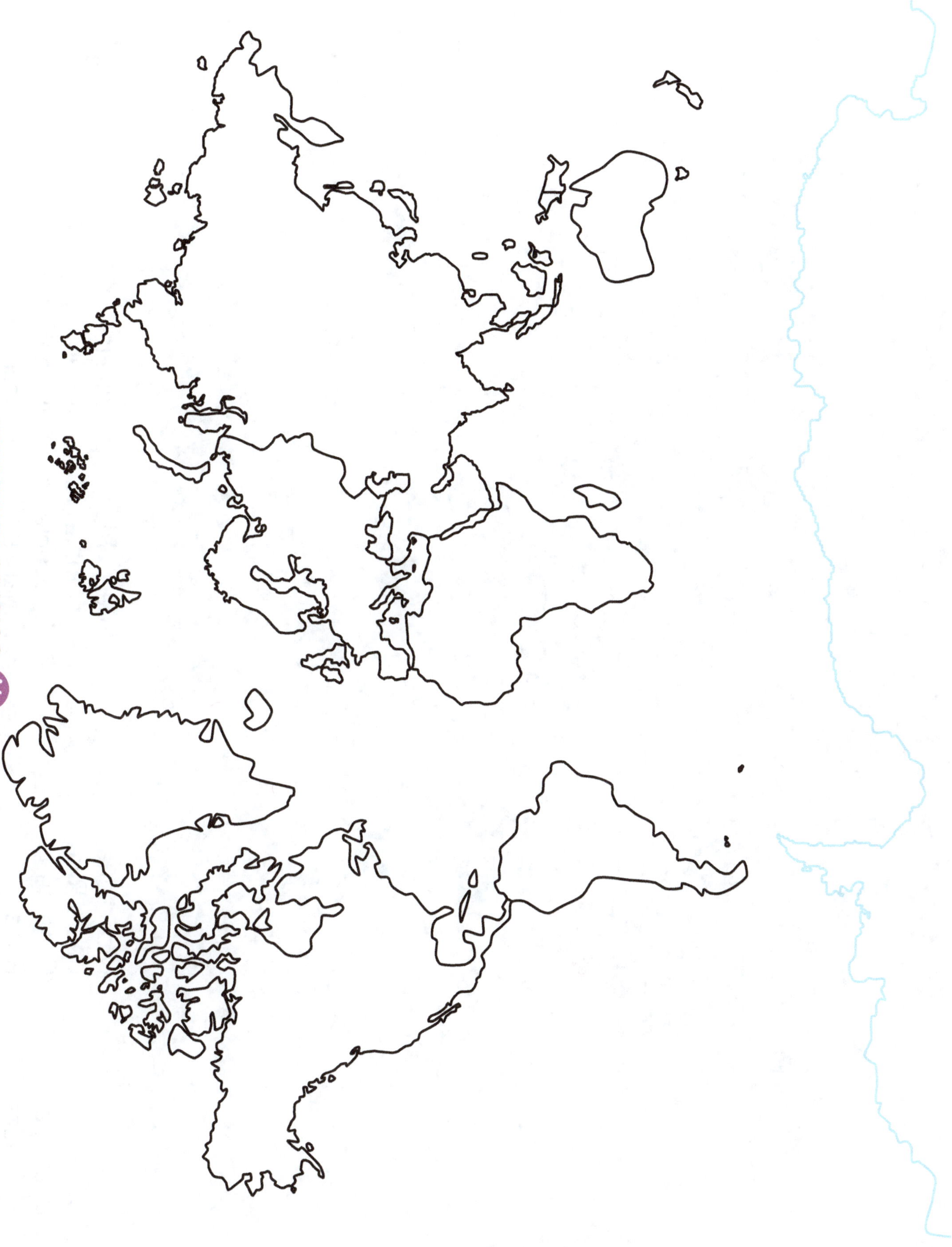

PAÍSES QUE HABLAN ESPAÑOL

En las Américas:

México
Guatemala
El Salvador
Honduras

Nicaragua
Costa Rica
Panamá
Cuba
República Dominicana

Puerto Rico
Colombia
Venezuela
Ecuador
Perú

Bolivia
Paraguay
Argentina
Uruguay
Chile

En Europa:
España

En África:
Guinea Ecuatorial

LAS BANDERAS DE LOS PAÍSES QUE HABLAN ESPAÑOL

México	Cuba	Bolivia
Guatemala	República Dominicana	Paraguay
El Salvador	Puerto Rico (territorio)	Argentina
Honduras	Colombia	Uruguay
Nicaragua	Venezuela	Chile
Costa Rica	Ecuador	España
Panamá	Perú	Guinea Ecuatorial

ARGENTINA

País: Argentina
Comidas: empanadas, asado y choripán
Bebida: el mate
Música: folklore y tango
Actividad favorita: fútbol
Lugar a visitar: Las Cataratas del Iguazú

MÉXICO

País: México
Comidas: tacos y tamales
Bebida: horchata
Música: rancheras
Actividad favorita: fútbol
Lugar a visitar: Chichen Itza

1. ¿Cuántos continentes hay en el mundo?

Hay _ _ _ continentes en el mundo.

2. ¿En cuántos continentes se habla español?

Se habla español en _ _ _ continentes.

3. ¿En qué continente vives?

Yo vivo en _ _ _ _ _ _ _ _ _ _

¿CÓMO SE DICE ALREDEDOR DEL MUNDO?

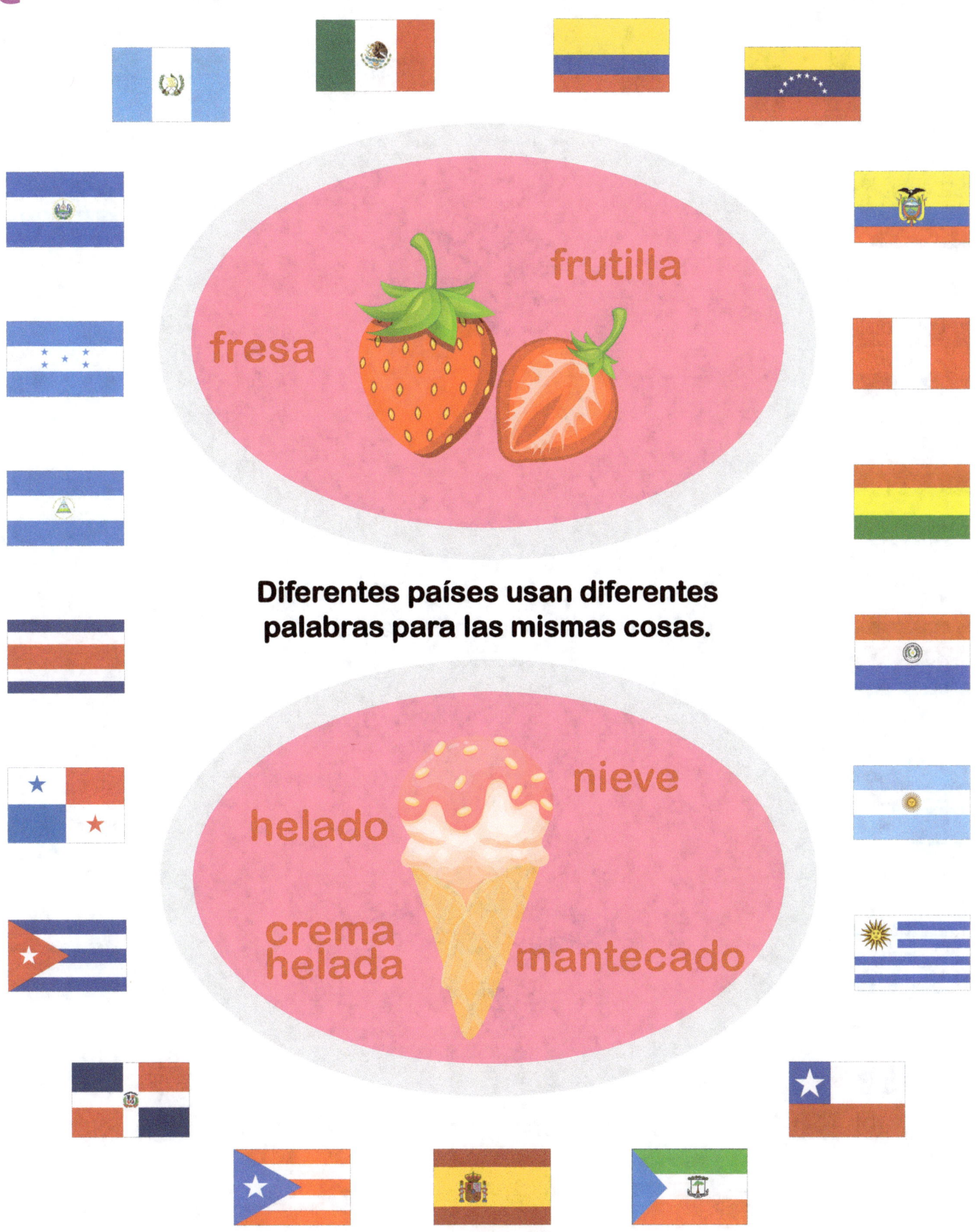

fresa   frutilla

Diferentes países usan diferentes
palabras para las mismas cosas.

helado   nieve

crema
helada   mantecado

¿CÓMO SE DICE ALREDEDOR DEL MUNDO?

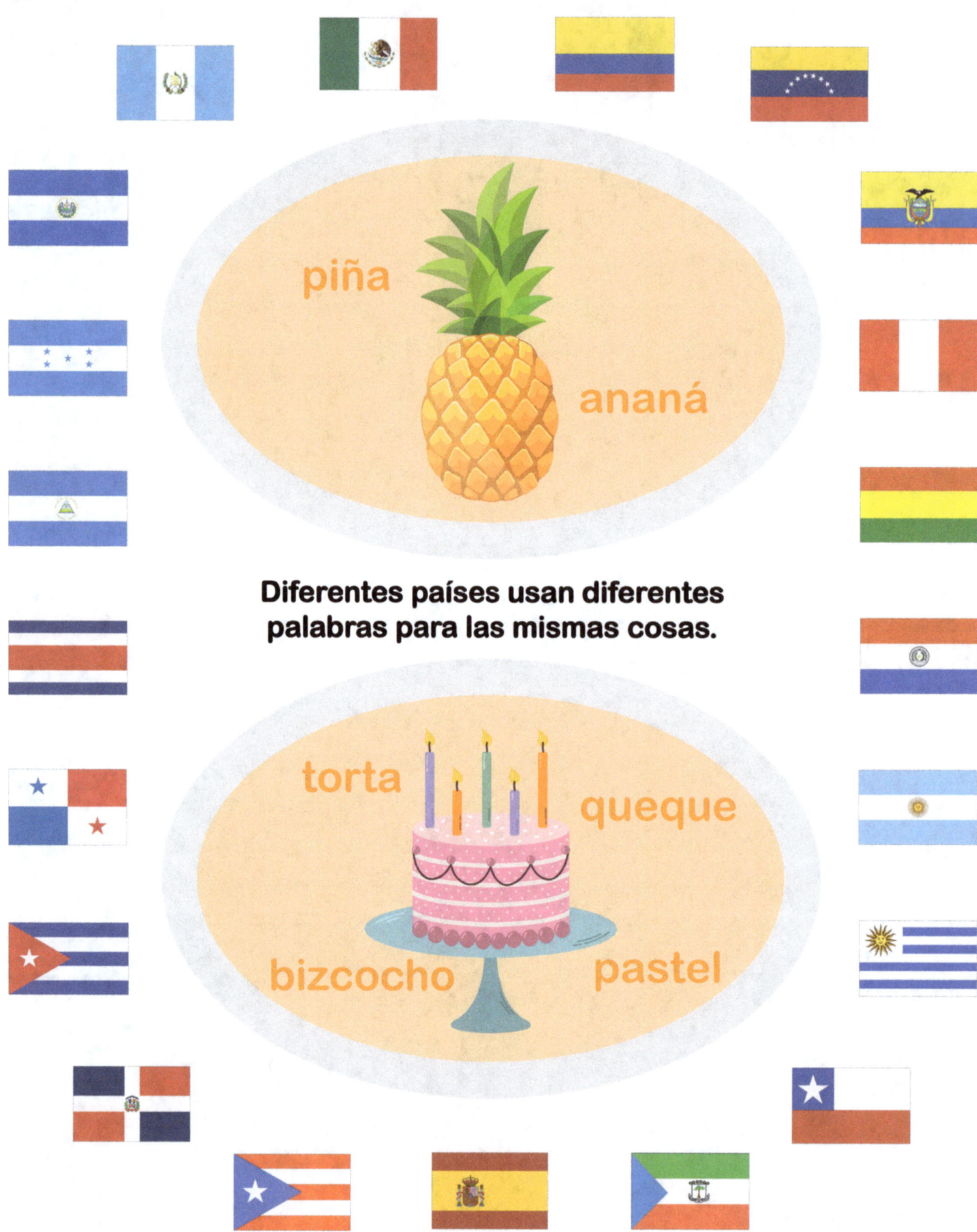

piña

ananá

Diferentes países usan diferentes palabras para las mismas cosas.

torta

queque

bizcocho

pastel

¿CÓMO SE DICE ALREDEDOR DEL MUNDO?

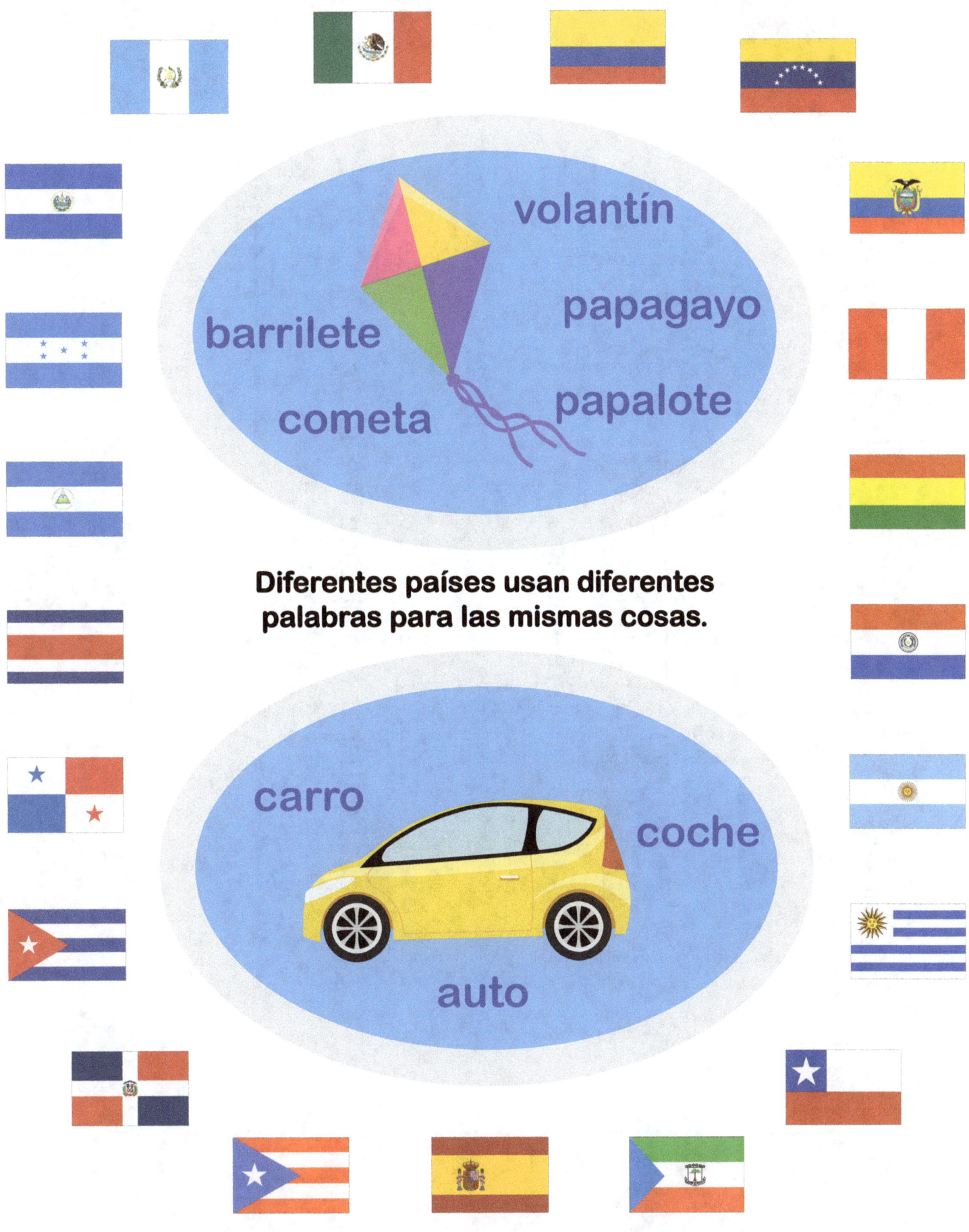

volantín

papagayo

barrilete

papalote

cometa

Diferentes países usan diferentes palabras para las mismas cosas.

carro

coche

Diploma de
PRE-JARDÍN

Presentado a :

Por haber completado Pre-jardín
con Llama Estra

Estra
Maestra

Fecha

Mi primer diccionario en español

Llama Estra

abrir

adiós

agua

águila

alpaca

ángel

anillo

araña

árbol

arcoíris

auto

avión

baile

balde

banco

barco

bebé

bicicleta

boca

bolsa

botella

bufanda

burbuja

burro

caballo

cama

caja

cámara

camello

caracol

carpa

casa

casco

cepillo

coco

codo

dardo

dedo

día

diamante

diente

dinero

doctor

ducha

duende

dulce de leche

dulces

durazno

edificio

empanadas

enchufe

escalera

escarabajo

escoba

escudo

escuela

espada

espejo

estadio

estrella

fantasma

faraón

faro

fideos

fiesta

flan

flauta

flor

foto

fresa

fuente

fútbol

galleta

gelatina

genio

girasol

globo

gol

gorra

gota

guantes

guinda

guitarra

gusano

hada

hamaca

hamburguesa

harina

heladera

helado

héroe

hielo

hoja

hongo

horno

huella

idea

iglesia

iglú

igual

iguana

imán

impresora

insecto palo

insectos

investigador

invierno

isla

jabalí	jabón	jaguar
jamón	jardín	jarra
jaula	jirafa	joya
juez	jugo	juguetes

karaoke

karate

kayak

kétchup

kilogramo

kilómetro

kimono

kiosko

kiwi

kiwi

koala

kung-fu

labios	lago	lana
lápiz	lata	leche
lechuga	limón	llama
llama	luna	lupa

maleta

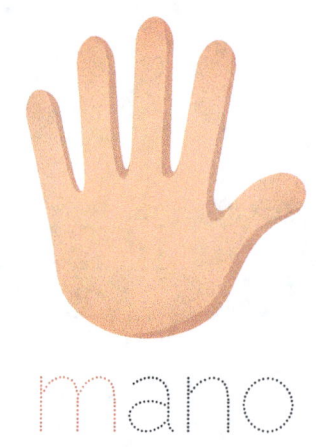

mano

manzana

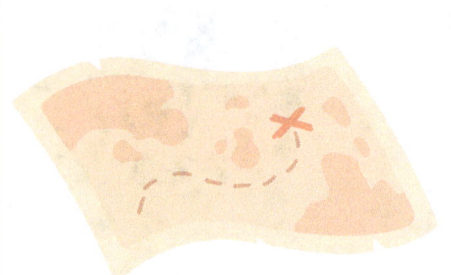

mapa

maracas

mariposa

mariquita

mesa

mochila

moneda

mosca

moto

nariz	narval	nave
Navidad	nena	nene
nido	nieve	noche
nota	nube	nudo

baño

cumpleaños

leña

montaña

moño

muñeca

ñandú

ñoquis

ñu

piñata

sueño

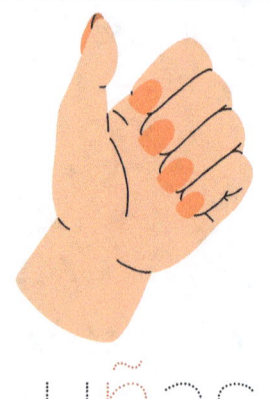

uñas

océano

ojo

ola

olla

orca

oreja

oruga

oro

oso

otoño

oveja

ovni

pan

papa

papá

papas fritas

payaso

pelota

pez

pie

pila

pirata

princesa

príncipe

equipo

paquete

parque

¿qué?

quesadilla

queso

quetzal

quinceañera

quinoto

quirquincho

quokka

raqueta

rama	raqueta	regalo
regla	reina	reloj
remo	rey	río
roca	rosa	rueda

sal

salchicha

sandía

semilla

serpiente

siesta

silla

sofá

sirena

sol

soldado

sopa

tambor

tarta

taza

teléfono

tenedor

tigre

tijeras

tomate

torre

tren

trompo

túnel

nube

pulpo

ukelele

unicornio

uniforme

universo

uno

untar

uñas

urraca

útiles

uvas

vaca

vampiro

vaso

vegetales

vela

ventana

verano

vestido

viento

violín

volante

volcán

kiwi

kiwi

sandwich

show

taekwondo

waffles

walkie talkie

wapiti

waterpolo

web

wifi

windsurf

boxeo

excavadora

excursión

experimento

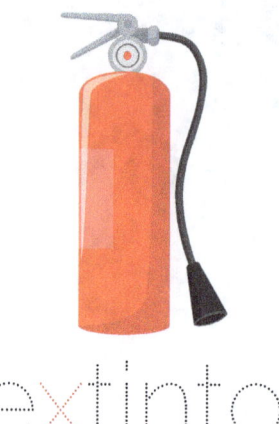

extintor

extraterrestre

saxofón

taxi

tóxico

xenosaurio

xerus

xilófono

payaso

playa

rayo

reyes

yate

yegua

yema

yeso

yoga

yogur

yoyo

yunque

corazón

erizo

manzana

zanahoria

zapallo

zapatillas

zapato

zarigüeya

zoológico

zopilote

zorrillo

zorro

English
cheat sheet

Llama Estra

LANGUAGE ARTS

p. 2-3: <u>Practice using your pencil</u>
1. Trace the way to school.
2. Trace the way home.

p. 4-57: *(Instructions repeat themselves with each letter).*
1. Color the letter.
2. Find and circle the letter.
3. Practice writing the letter.
4. Find and underline the letter in the sentence.
5. Practice writing the word.
6. Color the drawings that start with the letter *(adult reads the word out loud – student recognizes if the word starts with the letter).*
7. Practice writing the letter.

Translation for exercise 4 in pages 4-57:
p. 4: Ex. 4. Bees fly high.
p. 6: Ex. 4. The boat is brown.
p. 8: Ex. 4. My house is pretty.
p. 10: Ex. 4. My hand has 5 fingers.
p. 12: Ex. 4. The elephant lives in Africa.
p. 14: Ex. 4. The seal lives in the sea.
p. 16: Ex. 4. The cat is gray.
p. 18: Ex. 4. I want an ice cream.
p. 20: Ex. 4. It's cold in the igloo.
p. 22: Ex. 4. The giraffe is tall.
p. 24: Ex. 4. I like kiwi.
p. 26: Ex. 4. The llama is white.
p. 28: Ex. 4. My mom loves me.
p. 30: Ex. 4. The boy is playing.
p. 32: Ex. 4. The rhea is a bird.
p. 34: Ex. 4. The bear is big.
p. 36: Ex. 4. My dad loves me.
p. 38: Ex. 4. I like cheese.
p. 40: Ex. 4. I like the river.
p. 42: Ex. 4. I like to play under the sun.
p. 44: Ex. 4. The tomato is red.
p. 46: Ex. 4. I like grapes.
p. 48: Ex. 4. The glass is full.

p. 50: Ex. 4. The wapiti has big horns.
p. 52: Ex. 4. My brother plays the xylophone.
p. 54: Ex. 4. Yogurt is very yummy.
p. 56: Ex. 4. The fox is smiling.

p. 58: <u>I can write my name:</u>
1. Write your name with a pencil.
2. Write your name with a crayon.
3. Write your name with a colored pencil.

p. 59: <u>The vowels</u>
1. Pronounce the vowels.
2. Draw your mouth when pronouncing the vowels. What does your mouth look like (what shape)?

p. 60-75: <u>Syllables</u> *(Instructions repeat themselves with each set of syllables).*
1. I can form syllables *(practice pronunciation).*
2. Color the syllables as indicated.
3. Practice writing the syllables.

p. 76-83: <u>Let's practice!</u> *(Instructions repeat themselves with each set of syllables).*
1-8: Write the missing syllable and color the drawing.

p. 84-85: <u>Let's practice writing</u>
Color the drawing. Finish writing the word. Write the whole word.

p. 86-87: <u>Rhymes</u>
1. Color only the drawings that rhyme with the image. Remember to find the words with similar sounds *(read the words out loud – student recognizes if the word rhymes or not).*
2. Identify and circle the rhyme in the following words.

p. 88: <u>Spatial Orientations</u>
above - under:
1. Match the word to the picture. Is the animal above or under?

p. 89: in front of - behind:
2. Match the word to the picture. Is the animal in front of or behind?

312

p. 90: inside – outside:

3. Match the word to the picture. Is the animal inside or outside?

p. 91-95: Let's practice!

1. Draw red apples inside the basket and green apples outside the basket.
2. Draw red cups above the table and blue cups under the table *(above can also mean on top, under can also mean below in Spanish)*.
3. Draw yellow ducks in front of the plant pot and green ducks behind the plant pot.
4. Complete the sentence by choosing the right word.
   1. The cat is in front of/behind the chair.
   2. The cat is above/under the table.
   3. The dog is inside/outside the house.
   4. The dog is above/under the table.
   5. The ball is inside/outside the box.
   6. The ball is in front of/behind the box.
   7. The cat is in front of/behind the pot.
   8. The dog is in front of/behind the box.
   9. The dog is above/below the box.
   10. The cat is inside/outside the box.
   11. The dog is above/under the table.
   12. The dog is inside/outside the house.
5. Fill in the blank with the missing word *(an adult can also write the words in a different piece of paper and student can match the word to the picture)*.

The girl is adentro the box.
The girl is afuera the box.
The boy is abajo the table.
The boy is arriba the table.
The ball is adelante the box.
The ball is atrás the box.

p. 96: Let's draw!

1. Draw an object above the table.
2. Draw an object under the table.
3. Draw a person in front of the chair.
4. Draw a person behind the chair.
5. Draw an animal inside the box.
6. Draw an animal outside the box.

MATH

p. 98-117: *(Instructions repeat themselves with each number).*

1. Color the number.
2. Find and circle the number.
3. Practice writing the number *(digit)*.
4. Practice writing the number *(word)*.
5. Circle [the amount of objects indicated] in each box.
6. Draw [the amount of objects indicated].

p. 118-123: Let's count!

1. Practice writing the numbers *(trace the numbers)*.
2. Color the squares that represent the indicated number.
3. Choose a number and color the corresponding squares.
4. Write the missing number.
5. Write the numbers from 1 to 10.
6. Write the missing number.
7. Write the numbers from 1 to 10.
8. Count how many fingers you have. How many fingers do you have? I have ____ fingers.
9. Count from 1 to 10.
10. Match the number to the word.
11. How old are you? Write the number. Write the word.

p. 124-125: The crocodile that eats

1. Draw the mouth of the crocodile eating the bigger snack.
2. Draw the mouth of the crocodile eating the bigger number.

p. 126: Compare numbers

1. Count each object and color the group of objects that has more *(bigger group)*.

There are ____ [things] (Count the number of things in each box).

p. 127: Addition

2. Count and draw how many objects

there are in total.

p. 128: Subtraction

3. Count and draw how many objects are left.

p. 129: Numbers 1 – 20

p.130: Opposites: Long vs Short

1. Color the long worm.
2. Color the short worm.
3. Color in pink the long object and in orange the short object of each group.

p. 131: Opposites: Big vs Small

1. Color the big dog.
2. Color the small dog.
3. Color in green the big object and in purple the small object of each group.

p. 132: Opposites: Full vs Empty

1. Color the full treasure chest.
2. Color the empty treasure chest.
3. Color in brown the full object and in light blue the empty object of each group.

p. 133: Opposites: Heavy vs Light

1. Color the heavy plane.
2. Color the light plane.
3. Color in blue the heavy object and in red the light object of each group.

p. 134: Grouping objects

1. Color foods in blue, animals in green and clothing in pink.
2. How many objects are there in the food group?
   How many objects are there in the animal group?
   How many objects are there in the clothing group?

p. 135: Foods: grouping

1. Color healthy food in green and unhealthy food in red.
2. How many healthy food items are there?
   How many unhealthy food items are there?

p. 136-137: Patterns and sequences

1. Draw the pattern that comes next.

I'm hungry/I'm thirsty.

2. Color the worm following the pattern.
3. Make your own pattern.

p. 138-159: Colors (Instructions repeat themselves with each color).

1. Practice writing the word.
2. Color the drawings in [the indicated color].
3. How many things are there in that color?
   There are ____ things in the indicated color.

p. 160-163: All the colors!

1. Color each pencil with the corresponding color: purple, blue, light blue (notice this is not a shade of blue in Spanish, but it has its own individual name), green, yellow, orange, red, pink, white, black, brown.
2. Color the rainbow.
3. How many colors are there in the rainbow? There are 7 colors in the rainbow.
4. Draw a rainbow.
5. Draw [the indicated number of] circles in [the indicated color] in each box.

p. 164-187: Shapes (Instructions repeat themselves with each shape).

1. Practice drawing [the shape].
2. Color [the shape] in the [indicated color].
3. Count the shapes: There are ____ [shapes in the indicated color].
4. Find and circle the drawings that are shaped [in the indicated shape].
5. How many drawings [in the indicated shape] are there?
   There are ____ drawings [with the indicated shape].
6. Draw the indicated object (student can draw as many as he/she wants–see translation below).
7. How many [objects] are there? There

314

are ____ [objects].

8. Color 2 [shapes] in [the indicated color].
   Color 3 [shapes] in [the indicated color].
   Color 4 [shapes] in [the indicated color].
9. How many sides does [the shape] have? [The shape] has _____ sides.
10. How many corners does [the shape] have? [The shape] has ____ corners.

Translation for activity 6 & 7:

p. 166: 6. Draw balls in the field.
7. How many balls are there?
There are ___ balls in the field.
p. 170: 6. Draw waffles on the table.
7. How many waffles are there?
There are ___ waffles on the table.
p. 174: 6. Draw tents in the forest.
7. How many tents are there?
There are ___ tents in the forest.
p. 178: 6. Draw rulers on the board.
7. How many rulers are there?
There are ___ rulers on the board.
p. 182: 6. Draw kites in the sky.
7. How many kites are there?
There are ___ kites in the sky.
p. 186: 6. Draw lemons on the tree.
7. How many lemons are there?
There are ___ lemons on the tree.
p. 188: Let's review the shapes

1. Draw ornaments on the Christmas tree with the shapes you have learned. Color the ornaments with the colors you have learned.
2. Count how many ornaments you have with each shape and how many ornaments you have with each color.

SCIENCE

p. 190-191: The seasons
Summer - Winter - Spring - Fall
1. Draw the clothes you would use in each season.

p. 192-193: Summer
1. Circle the things you need during the summer.
2. How many things did you find? I found ____ things.
It's very hot in the summer. VERY HOT *(separated into syllables. Practice pronunciation with your student).*
3. What do you like to do in the summer? Draw your favorite activity *(in the summer).*
I'm hot - It's so hot!

p. 194-195: Winter
1. Circle the things you need during the winter.
2. How many things did you find? I found _____ things.
It's very cold in the winter. VERY COLD *(separated into syllables. Practice pronunciation with your student).*
3. What do you like to do in the winter? Draw your favorite activity *(in the winter).*
I'm cold - It's so cold!

p. 196-197: Spring
1. Color the spring drawing.
2. What colors did you use in your drawing? Draw a circle with each color that you used.
3. How many colors did you use in your drawing? I used _____ colors.
There are a lot of flowers in the spring. A LOT OF FLOWERS *(separated into syllables. Practice pronunciation with your student).*
4. What do you like to do in the spring? Draw your favorite activity *(in the spring).*

p. 198-199: Fall
1. Color the fall drawing.
2. What colors did you use in your drawing? Draw a circle with each color that you used.

3. How many colors did you use in your drawing? I used _____ colors.
A lot of leaves fall in the fall. A LOT OF LEAVES *(separated into syllables. Practice pronunciation with your student).*
4. What do you like to do in the fall? Draw your favorite activity *(in the fall).*

p. 200-201: The weather
Sun, clouds, rain, snow, storm, wind.
1. How is the weather today? *(Have student draw the weather).*
2. Draw the weather all week. Monday, Tuesday, Wednesday, Thursday, Friday, Saturday, Sunday.
3. How many days with the same weather are there this week? *(have student write the number of days this week with each weather).*

p. 202-203: Natural and artificial light
Natural light is made by nature.
Artificial light is made by man.
1. What sources of natural light do you know? Draw.
2. What sources of artificial light do you know? Draw.
3. Color the drawings and identify if the drawing is from natural light (N) or from artificial light (A).
4. How many sources of natural light are there on the page?
5. How many sources of artificial light are there on the page?

p. 204: Living things
Animals, plants, humans.
Living things need 5 things to survive: Sun, air, water, food, home.

p. 205: The human being
How many eyes do you have?
How many noses do you have?
How many arms do you have?
How many ears do you have?
How many mouths do you have?
How many fingers do you have in your hands and feet?

p. 206: Parts of a plant
1. Color the parts of a plant *(leaf, flower, fruit, stem, roots).*
2. Write or glue the parts of a plant in the space provided *(an adult can also write the words in a different piece of paper and student can match the word to the picture).*

p. 207: The plant cycle
Put the plant cycle in order from 1 to 6.

p. 208: The butterfly life cycle
Put the butterfly life cycle in order from 1 to 4

p. 209: The chicken life cycle
1. Put the chicken life cycle in order from 1 to 5.
2. Connect the dots to discover the chicken and color it.

p. 210: Experiment: Objects in motion
What do you need to move an object?
How much force/strength do you need to move an object?
1. Make a path with a ruler and try blowing on different objects. Then, try moving the objects as if you were playing golf (you can use a spoon or a stick).
Does it move? (rock, little rock, pencil, marble, piece of paper, leaf, book, cotton, toy car, doll, *write your own object).*

p. 211: Experiment: light and darkness
1. Draw something in a dark room.
2. Draw something under the sun.
3. Conversation with the teacher: Which drawing was easier? Why? Why do we need light?

p. 212: Experiment: light and heat
1. Leave a rock in a dark room. Touch the rock after an hour. Is it cold or hot?
2. Leave a rock under the sun on a hot day. Touch the rock after an hour. Is it cold or hot?

3. Conversation with the teacher: Why did the rocks have different temperatures? Why do we need light?

p. 213: Experiment: light and heat

1. Leave an ice cube in a dark room. Draw the ice cube after 30 minutes.
2. Leave an ice cube under the sun on a hot day. Draw the ice cube after 30 minutes.
3. Conversation with the teacher: How did the ice cube change? Why are the ice cubes different?

p. 214: Me

1. Draw yourself.
2. What color is your hair? My hair is ____
3. Is your hair long or short? My hair is _____
4. What color are your eyes? My eyes are _____

p. 215-241: Animal alphabet

p. 242: My favorite animal.

1. Draw your favorite animal.
2. What is the name of your favorite animal?
3. Where does your favorite animal live?
4. What does your favorite animal eat?

Social Studies

p. 244-245: Sometimes I feel... *(page 244 is male and page 245 is female-note that most words on page 244 end with the letter O and most words on page 245 end with the letter A).*

happy - happy *(another word)* - proud
sick - sad- bored
surprised - scared - mad

p. 246-250: *(Instructions repeat themselves with each emotion).*

1. Color the drawings of people *[in the indicated emotion].*
2. What makes you feel *[the indicated emotion]*? Draw it.
   I am *[emotion in M & F]*
3. Practice writing the word. I am _____

p. 251: Questions

What? Who? Where? When? Why? How?

p. 252: What?

1. Draw your answer.
What food do you like?
What do you like to do in the park?
What do you like to draw?

p. 253: Who?

1. Circle the correct answer.
Who heals the sick?
Who puts out fires?
Who takes care of us in our city?

p. 254: Where?

1. Circle the correct answer.
Where do you live?
Where do you go to school?
Where do you eat your food?

p. 255: When?

1. Circle the correct answer.
When do you eat breakfast?
When do you celebrate Christmas?
When do you use an umbrella?

p. 256: Why?

1. Draw your answer.
Why do you use a coat? (Because it's cold! Draw the cold).
Why do you use an umbrella? (Because it rains! Draw the rain).
Why do you use shorts? (Because it's hot! Draw a hot day).

p. 257: How?

1. What's your name? *(Note that in Spanish, this question is asked with how and not what)*
My name is _____.
2. Circle the correct answer.
How do you go to school?
How do you drink milk?

p. 258-261: Needs and wants

A need is something we need to survive.

A want is something we would like to have.

1. What are people's needs? Circle the things you need to survive.
2. Draw your needs.

Human beings need food, water, clothes and refuge to survive.

Draw your favorite food.

Draw your favorite drink.

Draw your favorite clothes.

Draw your home.

3. Color the needs in green and wants in blue.
4. What are your wants?

Draw your favorite toy.

Draw your favorite candy.

Draw another want you have.

p. 262: My community

1. What places are there in your community?
   Color the places that you have in your community.
2. What is your favorite place in your community?

p. 263: Workers in the community

1. Match the worker to their place of work.
2. Draw a worker and their place of work.

p. 264: All about me

1. Write, draw or glue a picture.

My name is. I am ___ years old. My family. My house. My friends.

My pets. When I grow up I want to be. I like.

I don't like. My favorite game.

GEOGRAPHY

p. 266: The continents

p. 267-273: Color *[each identified]* continent.

p. 274: Countries that speak Spanish

p. 275: Flags of Spanish speaking countries

p. 276-277: *[Country]*

Country. Food. Drink. Music. Favorite activity. Place to visit.

p. 278:

1. How many continents are there in the world? There are _____ continents in the world.
2. In how many continents do (people) speak Spanish? (People) speak Spanish in [3] continents.
3. What continent do you live in? I live in _____.

p. 279-281: How do you say it around the world?

Different countries use different words for the same things *[There are different words for the same thing in Spanish. These pages show different words that mean the same thing in different Spanish speaking countries]*

p. 282: Pre-K Diploma

Presented to ____ for completing Pre-K with Llama Estra.

MY FIRST DICTIONARY IN SPANISH

p. 284-310:

Keep in mind the Spanish language is very rich and there are many ways to say the same word depending on the country and region you live in.

The Spanish language also has specific words for specific genders. For example, doctor is a male doctor, while doctora is a female doctor.

Llama
Estra